이십 대의 모놀로그

Twenties' Monologue

Twenties' Monologue

이십 대의 모놀로그

정홍모 지음

KSI 한국학술정보(주)

책머리에서

이 서책은 1980년대 이십 대(二十 代)를 살아온 필자의 독백이다. 글을 정리하면서 계속해서 맴돈 단상은 모놀로그(Monologue)도 때가 차야 할 수 있는 것이란 점이다. 하지 않으면 안 되는 것인지도 모른다는 회상이다. 옹알이는 흔히 생후 백일이 지난 아기가 할 수 있듯이 내게는 그때가 이십 대 중·후반이었던 것 같다. 생물학적 나에서 사회적 나로 거듭나는 변증법적 시기와 맞물렸던 셈이다. 제2의 탄생이라 할까. 아기가 처음 걷기까지 반복을 거듭해서 엉덩방아를 찧은 뒤 홀로서기를 할 수 있듯이 사회적·인격적·종교적 자아로의 홀로서기도 실수·무지의 언행, 치부·치기 어린 행동을 수없이 거듭한 후에 할 수 있는 것 같다. 그러면 청춘의 끝자락에서 자유를 쟁취하고 진리에 도달할 수 있게 될 것이라 생각했다. 바로 내가 그랬으나 자유를 통해 진리에 도달하려는 몸부림은 여전히 진행형이다.

언젠가 이십 대를 이십 년 지난 뒤 서책(書冊)을 통해 나를 돌아볼 기회를 갖겠다는 자기암시를 한 적이 있었다. 나는 지금 그 약속을 지키려 한다. 그 이유는 그때 글에 드러난 나를 박제하고 싶기 때문이다. 그것이 내 남은 삶의 나침반과 추억이 될 것이라 믿기 때문이다.

누구에게나 전기도 좋고 아니면 특정시기·특정사건을 기록·활자화하는 것은 그래서 좋은 일 같다. 나만의 타임캡슐을 하나쯤 소장하는 것이 삶이 지나갈수록 삶의 운치를 더하는 것이 될 수 있기 때문이다.

『이십 대의 모놀로그』를 정리하면서 나도 모르게 그때의 회포에 젖어들게 된다. 이십 년 전에 내가 원했던 바인지는 모르겠으나 이십 대의 아픔과 사랑과 치기와 정의와 분노가 새삼 나를 엄습한다. 그때를 기록하고 기록을 보존한 것은 역시 잘한 것 같다.

끝으로 이 서책의 출간을 눈 감아 준 사랑하는 아내에게 고마움을 전한다. 특히 이십 대를 스마트(smart: software+hardware)하게 살아갈 사랑하는 석(石)과 옥(玉)에게 이 서책을 선물할 수 있게 돼서 매우 기쁘다.

2010년 8월 29일

부평에서

우보(牛步) 정홍모

차 례

Ⅶ … 존재의 여백 / 127

I
기독교 애가

한 사람의 예배모습

한 사람이 앉아 있다.

회중 중에 첫째 줄 좌석에 혼자 있다. 언제부터인지는 모른다. 그의 고개는 푹 꺼져 있다. 오늘만 보는 낯선 장면은 아니다. 그곳은 그의 지정석이 되었고 그만의 또 다른 성역이 이미 되어 있었다. 이삼백 명이 옹기종기 밀접하게 앉아 있지만 철수와 연희의 위치를 확인할 수 있다. 그러나 그 좌석 그에게만은 시선은 찾아 주지 않는다. 그런 그는 아는지 모르는지 주저앉은 그의 머리는 좀처럼 깨우려 하지 않는다. 그는 차라리 행복해 보인다. 흘리고 있는 것이 회개의 눈물이 아닌 생리 현상이든 그것이 그가 드리는 관습화된 예배의 모습이다.

정박아인 그의 짧게 친 스포츠형 단발, 구겨지고 또 접혀진 주름 가득한 그의 얼굴, 반 토막의 작은 키, 남루한 옷을 걸친

이. 그가 이삼백여 명과 함께 고조되는 설교 속에 묻어 있는 것이다. 소외된 하나의 콩고물로 대중 속의 원자로 예배가 끝나기까지 그는 그렇게 계속 있다. 그에게 있어 설교는 농아의 종소리이고 그에게 있어 찬양은 수화의 상징인가. 그러나 그것도 지나갔다. 요란한 박수소리가 순간 터졌다. 그제야 경칩을 맞은 개구리처럼 기지개를 반쯤 젖힌다. 그러다가 춘기가 꽃샘추위로 주춤해지자 그는 다시 원위치로 돌아간다. 예배를 무엇으로 아느냐? 어떤 이가 핏대 세우고 묻는다면 그는 뭔가 보여준 셈이다. 예배란 조는 것이라고, 아니 행복하게 한잠 자는 것이라고.

그렇다.

찌든 것이 공해만이 아니라고 할 때 교회도 그 예외가 아니기에 예배에 참석하는 당신과 나는 항변해야 할 그 무엇이 분명히 있는 것이다. 나는 너에게 너는 나에게 그는 우리에게 바로 그 흔한 그리스도인이 되기 위해서…….

초신자(草信者)에게

초(初)자를 쓰지 않고 (草)초자를 택한 이유는 어감상으로는 신참자를 포함시키고 내용상으로는 뿌리는 심었으되 그 뿌리 내림이 엉성하거나 깊지 못한 이 곧 고참자를 함께 묶고자 해서다.

새삼스럽게도 개신교는 부활의 종교다. 부활이란 사를 생으로 반전시킨다는 단순한 의미를 초월하는 무엇이다. 여기서 개신교는 미래지향적 종교로 선언된다. 때문에 신자는 과거의 나 · 어제의 자기를 자랑치 않는 것이다. 이미 과거에서 떠나 현재를 주목해야 하는 것이다. 신자가 성도되는 까닭이 바로 여기에 있다. 감정적 신앙의 결말은 즉흥적 · 순간적 에너지가 단시기에 소진하면서 믿음이 쉬 식어 교회에서 떨어져 나가는 것이다. 신앙의 행위란 흡사 인생의 여정만큼이나 길고도 먼 험준한 길이며 결승점이 있는 마라톤과 같은 것이다. 때문에 부화뇌동함 없이 초지일관은 이성적 신앙의 겸비를 통해서 성취된다 하겠다.

로고스의 진의를 깨달음은 이런 데에 있는 것이기도 하다. 신앙생활이라는 것은 춘하추동의 가고 옴과 일일지후의 기분과 더불어 들쑥날쑥함에 유하지 않는다. 일일신의 성숙함과 자연의 조화에 보조를 맞추어 영과 육이 진일보하는 데 재한 것이다. 신앙생활은 자연 안에 닫혀 있으나 이에 굴하지 않고 세상 안에 갇혀 있음에도 하나님을 찾아야 하기 때문이다. 신앙생활이란 겉옷을, 헌옷을, 묵은 옷을 벗고 또 벗기는 부단한 성찰의 자기작업인 것이다. 교회 내에서 교제가 중요한 것은 빛이 모아지는 까닭이고 교회 밖에서 교제가 중요한 것은 빛을 뿌려야 하기 때문이다. 모아지는 빛 아래에서는 바로 섬김과 봉사가 교제로 둔갑해야 한다. 순도 높은 것이 크게 뭉쳐지고 그 큰 덩치가 맹위를 떨침은 자연이 정한 이치이기 때문이다.

섬기는 행위가 아름다운 것은 질에 있지 않고 그 대상에 자기를 낮추기 때문이다. 언어를 선별하는 까닭은 자기 독선에 있지 않고 자기모순에 빠지지 않기 위해서이다. 섬김에는 둘이 없다. 어느 장소 어떤 때에도 예외가 없다. 섬김은 믿음에서 나는 것, 대상에 따른 자연 발생적인 것이 아니다. 섬김은 어제도 오늘도 그리고 내일에도 결코 이중이 아닌 것이다. 복음은 사유재산권에 속하지 않는다. 복음은 가처분소득의 범주에 들지 않는다. 복음은 나 너머 저편에 넘길 바통이며 우리네 모두에게 사용되어야 할 영의 양식이기 때문이다. 복음은 그렇게 왔고 복음은 그 경우를 초신자가 떠맡아 주길 원하고 있다. 복음은 소비재가 아닌 영적 공공재로서 창조재이며 생명재인 까닭이다.

믿음은 입문하는 것이고 출발하는 것이며 새로이 시작하는 것이다. 믿음은 도중하차도 중도포기도 가다가 기권하는 것을 알지 못한다. 믿음은 자득적이 아닌 받은 것이며 타율이 아니라 자율적 책임하에 두는 것이다. 초역사적 실재를 통시적 진리를 담고 있는 것이 있는가? 과학도 부정되고 종교도 있다가 사라지곤 하는데 사랑이라 한다. 사랑이 있는 곳엔 길이 있고 진리가 있으며 생명이 있다. 그 사랑은 대물림이며 내리사랑이다. 치사랑이 아닌 것이다. 전능자가 독생자에게 우리도 저들에게 이런 것이다. 사랑의 계속성이 여기에 있다. 사랑의 승리함이 이에 의존하는 소치다. 이 점이 개신교를 사랑의 종교로 만드는 것이기도 하다.

소망은 우리를 우리이게 하고 수고하게 만든다. 소망에 병행하는 건 이마에 두건, 등짝에 삼태기, 왼손에 수통, 바른 손에

호미일 것이다. 소망은 인간에게 속한 것이다. 노동 또한 인간이 해야 할 바다. 누운 소망은 소망이 아니다. 소망은 서서 땀 흘려 하는 일이다.

교회에 입장하는 것은 무장경비원이 없기 때문이 아니다. 교회를 퇴장하는 것은 창살이 없어서가 아니다. 교회에 들어섬은 마음에 가득 찬 기쁨을 드리기 위해서이다. 교회를 나섬은 마음에 빈 그릇을 채우기 위해서이다.

종교에는 애매성과 모호성 때론 불신감도 수반한다. 십자가는 골고다에서 적적혈을 흘리신 주님과 나를 결속하는 상징을 말하는 것이다. 종교는 배타와 폐쇄와 닫힘과 마주한다. 십자가는 샛바람 · 마파람 · 된바람 그리고 수평 · 수직을 수렴하는 글라스노스트이다.

또 다른 가롯 유다

본래 종교라는 것이 개인적인 특성을 저변에 깔고 있다고는 하나 우리의 기독교가 마치 이러한 개인적인 특성의 전형인 것처럼 역사적 의무와 책무를 회피하는 것을 이곳저곳에서 자주 목도하게 됩니다.

우리가 티끌만 한 존재라 해서 세계의 일까지는 걱정하지 못한다고는 하나 우리가 티끌만 한 존재이기 때문에 국가의 되어가는 일조차 무관심하다는 것은 왠지 변명이 궁색하지 않나 싶습니다.

기독교가 언제부터 '우리'라는 말보다는 '나'라는 언어와 혈맹의 이웃이 되었는지 몰라도 아주 옛날부터 기독교는 '이기주의'보다는 '공동체'의 화신일진데 누가 얼마에 이를 팔아먹었는지 또 다른 가롯 유다를 수배해야 할까 봅니다.

성경엔 창세기로부터 계시록에 이르기까지 초지일관 그리고 한결같이 진리의 말씀이 한 점의 흐트러짐 없이 적혀 있는데 언제부터인가 예수의 이름으로 모이는 곳에 중언부언이 만연하고 있음을 이제 아니라고 부인하기에는 철면피도 무색할 것 같습니다.

인간이 동물하고 다르다는 것은 사람에겐 짐승에게는 찾아볼 수 없는 '종교성'이 있다는 것인데, 그러나 각 개인에게 무조건적인 종교성이 강요되고 맹신적 종교성이 범람하게 된다면 그곳엔 진리와 미신의 차이, 이성과 신비주의와의 이질성, 정통과 사이비의 구별, 하나님의 사역과 사탄의 사역과의 다름이 존재한다고 말하기가 참으로 어려울 것입니다.

이제 이 시대에 청년들이 꼭 행해야 할 바를 바로 깨닫기를 원합니다. 묶은 옷을 훨훨 벗어 버리고 새 옷을 내가 나의 손으로 지어 입을 수 있는 지혜와 용기로 무장되길 원합니다. 구태의연한 옛사람을 버리고 분기탱천할 새 사람으로 부활되길 간절히 원합니다.

Jesus Christ를 믿는다는 것은

믿음은 선택받은 자의 독점물이라는 도그마(Dogma)의 옷을 벗고 주체적 자아의 필연적 선택을 하는 것, 나 너머 저편에 있는 타자를 이 필연적 선택으로 부름을 이름하여 전도라고 명명하는 것, 믿음을 보다 높은 믿음으로 질적 전환을 하는 것, 듣는 믿음에서 읽는 믿음으로 읽는 믿음에서 생각하는 믿음으로 이로부터 실천하는 믿음으로 격상시키는 것, 폐쇄된 믿음에서 개방된 믿음으로 닫힌 신앙에서 열린 신앙으로 정적 종교를 동적 종교로 승화시키는 것, 과거에도 현재에도 그리고 미래에도 예수를 동위 상에 자리매김을 하는 것, 그리고 과거보다는 현재에 현재보다는 미래에 믿음의 가치를 배분하는 것, 그러기에 어제를 반성하고 오늘은 그 반성을 반성하고 내일을 다져 나간다는 것, 하나의 님을 갖는다는 것, 하나이기 때문에 큰 님을 갖는 것, 큰 님이기 때문에 완전함을 갖는 것, 완전하기 때문에 절대자를 갖는 것, 절대자를 갖는다는 것은 바로 예수님을 갖는 것, 사랑한다는 것, 나를 책임지고 인류에 책임진다는 것이 나를 사랑하고 인류를 사랑한다는 것 때문에 십자가의 사건은 사랑일 수밖에 없다는 것이 추체험으로 사랑은 영원한 현재어라 고백하는 것, 창조한다는 것, 나를 허물고 그리고 쌓고 세상을 허물고 이내 쌓는 것, 그 다시 쌓음이 창조적 믿음으로 극복돼 실천한다는 것, 거듭 낳는다는 것, 나에서 나를 낳는다는 것, 삶에서 삶을 낳는다는 것, 믿음에서 믿음을 낳는다는 것, 넓혀 간다는 것, 안에서부터 밖으로 우리 안에서 저들 밖으로 안의 사상에서 밖의 사상으로 동시대 믿음에서 다가올 시대의 믿음으로 그 믿음의 지평을 넓혀 가는 것, 나누어 주는 것, 나누어 갖기보다는 나누어 준다는 것, 받고 또 챙기는 것보다 주고 또 비운다는 것, 주고 한없이 줄 수 있어야 한다는 것, 승리한다는 것, 땀으로 삶을 성공한다는 것, 진리로 미신을 퇴치한다는 것, 선함으로 악을 물리친다는 것, 오직 믿음으로 음부에 승리한다는 것, 구원받아 영생한다는 것.

Ⅱ
기독교 비평

역류하는 사회, 역류하는 교회, 역류하는 대중(870227)
사십구재(880128)
크리스천의 정치적 책임(880604)
인격적 만남과 추한 헤어짐
시급한 기독성의 회복(880712)
체험신앙의 위험성(850607)
基督敎 患者(870112)

역류하는 사회, 역류하는 교회, 역류하는 대중

역류(逆流)란 하늘이 정한 도 자연의 철칙이 말하는 높은 곳에서 낮은 곳으로 흐름을 좇지 아니함을 칭함이다. 곧 낮은 곳에서 높은 곳으로 향한 운동이요 하류에서 상류로 그 자리바꿈을 하자는 뜻을 담고 있다. 세계사적 관점에서 볼 때 전자는 일인독재 또는 절대 군주제에 대한 민주화 운동, 인물중심에 대한 제도 중심, 소수 귀족 집단 또는 승려 집단의 특권에 대한 수평화 운동 등으로 나타났다. 정치사적 관점에서 볼 때 후자는 하층민이 상층민에 대한 계급의 전도를 요구하는 민중적 봉기, 즉 혁명으로 나타났다. 이런 의미에서 역류란 단어는 역사를 통해서 사실 그 자체가 담고 있는 뜻과는 전혀 별개로 발전 또는 민주화 내지는 수평적 가치 배분에 순행하는 백성의 언어, 민중의 언어, 민족의 언어로 간주되거나 제법 승리의 언어 정의의 언어로 여겨졌다. 나름대로 일견이 있으며 이에 대해 이견(異見)을 제시하지 않았음이 지금까지의 일반론이라 본다. 그러나 역류란 또 다른 의미에서 우상의 노예이며 사이비 진리이며 반동이다. 이 역류를 테마로 택한 이유는 안타깝게도 우리들이 속해 있는 사회, 우리들이 출입하는 교회, 비로 이 땅 위에 우리들 사이에서 이 역류의 바람이 불고 있음에 주목하고 있기 때문이다. 그러나 우리에게 있어서 문제가 된 역류의 양상은 위에서 밝힌 승리의 언어 정의의 언어로써의 역류가 아니라 이 역류가 역(逆)역류가 되어 되돌아온다는 데 있다. 좀 더 쉽게 풀이하자면 낮은 곳에서 높은 곳으로 향한 이동이 높은 곳에서 낮은 곳으로 내리누르는 압력 · 탄압에 의해서 제지되는 것이 아니라 낮은 곳 쪽에서 스스로 방향을 반전시키고 있다는 것이다.

이러한 측면이 사회 안에서 나타날 가능성은 크게 두 가지가 있다고 본다. 첫째, 어떤 권력체(높은 곳)가 그 조직의 목표를 달성하기 위해서 의도적 목적을 갖고 그 목적 수행을 위한 방법 내지는 대안으로써 조작되고 계획된 광고와 선전 그리고 독점화된 매개체에 의해 세뇌공작을 하게 될 때 민초는 그 전신이 마비가 되어 이미 역역류의 현상이 자기 스스로에게 일어나고 있는지도 모르면서 이런 상태를 고수해야 한다고 굳게 믿게 되는 때다. 둘째, 낮은 곳에서 높은 곳으로 향한 이동의 진행 과정(하의상달)에서 함의된 일체화된 힘을 갖고 있다고 믿었는

데 어느 한순간에 가서 외부적 충격이나 내부적 모순과 파당 싸움으로 이리 찢기고 저리 나눠질 때 민초는 이래도 그렇고 저래도 마냥 한가지라는 체념적 포기적 태도를 보일 때 여지없이 역역류의 현상은 나타난다고 본다.

앞에서 나타난 첫 번째의 경우의 역역류 현상에서 알 수 있는 것은 이미 민초 입장에서 무엇인가를 대변해야 한다는 견해가 자기 스스로(민초)의 판단에 의한 것이 아니라는 점이다. 다시 말하면 민초는 자기 고유의 입장을 망각하고 있으며 자기 입을 통하여 높은 곳에서 목적한 바를 대독하고 있음을 모르고 있을 뿐이다. 좀 더 어려운 말로 표현하면 민초는 자신의 이데올로기(기득권을 쥔 계층이나 집단 또는 개인이 자신의 입장을 정당화시키고자 대외적으로 내세우는 주의, 주장 또는 선전문구 예를 들면 제5공화국의 이데올로기는 '정의사회구현'이라고 볼 수 있다)가 분명히 자신의 입을 통하여 주장되고 있는 것처럼 확신하나 실제로는 권력체의 이데올로기가 권력체의 입을 통해서가 아닌 민초의(낮은 곳) 입을 통해서 주장되고 있음을 전혀 모른다는 것이다. 두 번째 경우의 역역류 현상에서 알 수 있는 것은 민초의 민주주의 싹을 바늘구멍 틈도 남김없이 싹쓸이할 것이라는 점이다.

이 역역류의 현상은 교회와는 전혀 무관한가? 아니면 아직은 잠재해 있는가? 또는 교회 내에서도 역시 현재화되고 있는가? 교회부흥에 가장 큰 몫, 즉 견인차적 역할을 담당한 담임목사님의 은퇴를 만류하는 모 권사의 "……위대한 아무개 목사님이 하루라도 더……"라는 주일 저녁 예배의 대표기도 중 한 토막에서 또 지역 복음화 전도대회의 강사 목사의 "……위대한 아무개 목사님이 강단을 지키셔야……"라는 수요일 저녁 기도에서 이미 역역류의 현상은 교회 내에서도 그 뿌리를 내리고 있음을 본다. 반면에 어느 젊은 대학생이 그 흔하고 흔한 세속적 영업장소인 다방보다도 수적으로 많다는 교회가 있는 조국에서 고문에 의한 죽임을 당해야만 했을 때 그의 영혼을 위해 전교회가 주일을 정해 추도 예배를 드리자고 성명서도 내고 공문도 발송했다는 데 일언반구의 언질도 없이 설교시간을 무사히(?) 때운 목사의 목회방침에서 침묵의 맞장구를 친 교인들에서 역(逆)역류의 파도가 교회를 삼키지 않았다고 그 누가 말할 수 있겠는가?

대중은 그 자체가 역역류 현상의 최종 소비자이며 최초의 먹이사슬이 된다. 이 말은 이 역역류 현상으로 쉽게 아주 쉽게 편입되고 있는 것이 다름 아닌 대중이란 것이다. 실로 너무 많은 분야에서 너무 많은 대중들이 너무나 힘없이 너무도 빨리이 역역류 현상에 동화되고 있는 것이다.

이상의 논의를 통해서 알 수 있는 것은 첫째, 역류하는 사회에서는 감각의 마비, 지각의 마비, 의식의 마비, 사고의 마비 현상이 나타나고 있음과 단일화된 힘이 또는 낮은 곳의 아이덴티티(개인이나 집단이 타인, 타 집단과 비교할 때 자기와의 동질감 또는 일체감)가 지리멸렬하게 될 수밖에 없음은 이미 정체를 분명히 모르는 우상의 노예, 물신화의 종이 되었기 때문이라 본다. 둘째, 역류하는 교회에서는 교회부흥을 위해서, 다른 말로 수직증가와 건물의 대형화를 꾀하기 위해서는 교회가 한 인간을 신격화하는 '위대한' 작업인 일인 인물 중심의 단체가 되어도 좋다는 '위대한'에 맹종하는 신앙과 교회의 처세를 위해서는 정의도 양심도 매장할 수 있다는 사이비 믿음의 신봉을 본다. 마지막으로 역류하는 대중에서는 위에서 구체적으로 언급은 하지 않았지만, 세계관, 사회관, 종교관, 윤리도덕관, 삶의 가치관 등의 부재 또는 파멸이 인류의 지혜와 축적된 지식에 대한 파괴적 반동이 대중 사이에서 폭도와 같이 광란하고 있음을 본다.

사십구재

이 글을 쓰게 된 까닭은 무심코도 아니고 얼떨결엔 더욱더 아니다. 다만 굳이 "이럴 필요까지 있겠는가"에 대해 수차에 걸쳐 속으로 물어봐야 했다. 이렇게까지 전전긍긍한 이유는 바로 그분의 죽음이 기독교적이란 데에 있다. 적어도 그분의 삶과 장례절차는 그러했다. 또 그것은 '사십구재'란 것이 교회문화의 산물이 아니라는 데서 오는 거부감이 그 어떤 여지(?)를 남겨 놓지나 않을까 하는 데서 오는 딴엔 의혹을 뿌리치기 어려웠다는 반증이기도 한 것이다.

지난 화요일은 그분이 생사를 달리한 지 사십구 일이 되는 날이다(8. 10－9. 27). 자연인이 숨을 거둔 지 3일 후에 장례를 지내는 이유는 혹 살아날지도 모른다는 데서 오는 바람에서이다. 그래서 이 기간 동안은 혼과 육이 분리돼 있지 않다고 믿는 것이다. 그러나 3일이 지나고 나면 혼비백산이 된다고 한다.

곧 혼은 날아가고 육은 땅에 흩어진다는 것이다. 이렇게 해서 구천을 떠돌게 된 혼이 그야말로 영원한 안식처를 결정받게 되는 날(서방정토 vs 아비규환, 천국 vs 지옥)이 불교에서는 사후 49일이 되는 날이라고 하는 것이다. 이날이 바로 지난 화요일의 일이다.

염을 한 그분의 입관 바로 전의 얼굴을 직접 본 나로서 칠칠일을 운운하는 것은 불필요한 행위이다. 그런데도 불구하고 어찌된 연유인가? 우리가 아는 한 그분의 죽음은 미완성의 죽음이다. 단지 천수를 누리지 못해서라기보다는 사역자로서 자신이 설계한 계획의 끝을 지켜보지 못했다는 데서이다. 어쩌면 현대의 논리에서 보면 중도탈락은 일고의 가치도 없는 것으로 일축함이 옳을는지도 모른다. 그러나 우리가 처음 그분을 만났을 때 우리의 관계는 고용주와 고용인의 관계도 주인과 노예의 관계도 장교와 병사와의 관계도 아닌 보기 드물게 사람과 사람과의 관계인 인격적인 관계에서 비롯해 점차적으로 수평적 관계로 심화되는 상태였다. 여기에 그분이 우리의 목사님이라는 점을 잊지 않는다면 더욱이 그분의 최고 관심사가 청년Ⅱ부에게 집중해 있었다는 점을 상기한다면 생전에 못 다 하신 일, 우리에게 맡겨진 일의 성취를 위해서라도 형식에 구애됨이 없이 우리에게 피와 땀을 요구하는 그 무슨 후속작업이 이루어져야 했을 것이다. 그런데 그분이 없는 상태에서 미완을 완성으로, 풋과일을 잘 익은 과일로 열매 맺게 하기 위한 땀 흘림은 먼저 그분이 하시고자 했던 일에 대한 성격규명과 이를 밑받침한 그분의 정신을 파헤쳐 알려고 하지 않는 한 그리고 이를 여론화시키지 않는 한 그것은 우스운 얘기에 불과할 것이다. 그런데 이런 일련의 모습이 우리에게 있었던가? 개중에 "아니 벌써! 사십구 일씩이나 됐나!" 하는 이가 있다면 안타깝게도 이 가을이 가고 겨울이 채 오기도 전에 그분도 영원히 잊히리라! 그 잘난 제자(?)를 둔 까닭에…….

크리스천의 정치적 책임

독서모임인 '독서광장'의 20회 기념행사의 하나로 문집을 발간함에 있어서 그중 내가 발제한 것은 『크리스천의 정치적 책임』이다.

존 C. 베네르가 쓰고 강원용이 번역한 『크리스천의 정치적 책임』은 전5장으로 구성돼 있다. 다소 우리에게 생경한 '정치'라는 단어 그리고 그 아류격인 '공산주의'니 '사회적 책임' 특히 '크리스천 시민으로서의 정치적 · 신앙적 결단' 등의 표현이 많이 나타나는 이 책은 10개의 질문을 독자에게 던지면서 시작한다. 이 책을 쓸 때 작가 베네르는 자신의 의도를 어디에 숨겨(?) 놓았는지는 모르겠으나 책을 읽고 난 후의 느낌은 한마디로 회의적일 수밖에 없었다. 왜(!) 회의적일 수밖에 없었는가? 얼른 보기에 이 책은 2차 세계대전이 끝나고 세계 체제의 재편과정에서 창출된 자본주의적 민주주의 국가와 적대적 개념으로서 사회주의 국가의 등장과 그 이데올로기가 NICs(닉스), 즉 신흥공업국(대만, 한국, 싱가포르)을 포함한 주변부 제3세계로의 확산이라는 소위 자본주의가 전반적 위기에 직면해서 정치 · 사회적 측면은 말할 것도 없거니와 신학 · 신앙적 측면에서도 그 부(不)의 효과가 현저하게 표출됨에 따라 그것에 대한 방어 · 경계로부터 글의 출발점을 잡고 있다고 보았기 때문이다. 다시 말해 1차 · 2차 세계대전을 치르는 동안 전반적 영역에서 세계 1위를 자랑하던 미국은 정치 · 군사 · 문화 · 종교 등의 부문에서 막강한 영향력 · 강제력을 행사할 수 있었다. 그런데 60년대에 접어들면서 주변부 제3세계 국가에서 보인 민족 · 민중적 자각과 함께 민족 해방을 위한 운동 구호가 빗발치기 시작하는데 그 대상이 다름 아닌 미국인 것이다. 그때부터 미국은 서서히 세계 챔피언의 벨트를 내줄 입장에 처한 것이다.

책으로 돌아가서 이 책의 작가 베네르는 노골적으로 그리고 암묵적으로 각 국가에 있어서 시민 특히 크리스천 시민의 역할을 자주 언급하고 있다. 그런데 문제는 그가 지적한 소위 각 국가에 있어서 크리스천 시민의 역할이라는 것이 무엇을 의미하느냐는 것이다. 미국에 있어서 크리스천 시민의 역할과 한국 내지는 니카라과, 칠레, 브라질 등에 있어서 크리스천 시민의 역할이 무엇이냐고 할 때 베네르의 대답은 단순명료하기만 하다. 그것은 정치 · 군사 · 경제적으로 자국의 이익을 위해 영향력과 강제력이 필요한 경우 물리력을 행사할 수 있고 또 실제로 행사하고 있는 국가의 위상은 삭제시킨 채 (국적을 둔)국가 내에 있어서 충성적인 종교적 인간으로만 머물러 있으라는 것이다. 즉 자기가 출생한 국가에 갇혀서 일상적인 그저 그런 식의 종교적 행동을 반복하는 크리스천으로 남아 있으라는 것이다. 이는 지극히 지배의 논리, 중심국의 논리가 물씬 풍기는 다시 말해 저변에 팽배한 제국주의적 종교 이데올로기의 반영이 아닐까 할 정도로 짙은 의혹을 뿌리치기 어렵다. 그리고 이 같은 논리는 플라톤의 말을 빌리면 제1계급(철인), 제2계급(군인), 제3계급(노예)이 각각 그대로 머물러 있을 때 비로소 사회정의, 질서, 나아가 세계평화가 수립된다는 식이다. 일축하면 노예는 노예로 까불지 말고 남아 있으라는 것이다. 노예(주변부 제3세계)가 노예로 남아 있기 위한 태도 표명이 이를테면 크리스천의 정치적 책임이다 식이 이 책을 쓴 저자의 숨겨 놓은 의도가 아니냐 하는 것이 책을 읽은 후 받은 느낌이라면 느낌이며 이 점 때문에 회의를 느낄 수밖에 없는 이유인 것이다.

다시 한 번 요약하면 친절하게도 주변부 제3세계 속에서 크리스천 시민이 갖추어야 될 소위 정치적 태도에 대해서 지침서를 준 이 책은 각 국가의 민족·민중적 특수성과 역사성을 도외시한 진실을 은폐·왜곡·전가시키려는 측면이 농후했지 않나 싶다. 글을 정리하면 기독교는 보편성과 진리를 표방했기에 시대와 인종 그리고 국경을 넘어 받아들여졌다고 본다. 그러나 그 보편성은 특수성을 수렴한 것일 때 계속적인 생명력을 지속할 수 있다고 본다. 그리고 진리란 것은 고정·폐쇄된 닫힌 개념이 아닌 한 그것은 끊임없는 비판과 그 검증에 의한 열린 개념일 수밖에 없는 것이다. 이런 토대에서 80년대 후반의 한국 현실을 조명해 보면 현실에 발 묶인 시대상에 대한 인식은 철저한 사회개혁을 부르며 그 부름에 대답할 때 비로소 공동체라는 의미를 부여받을 수 있는 것이 아니냐는 바꿔 말해서 왜곡된 현실에 처한 민족·민중에 대한 분명한 인식이 앞에 놓인 장애물들을 철저하게 분쇄시킬 정치적 책임으로 호소될 때 그리고 그 부름에 응답할 때 비로소 민족·민중이라는 의미를 쟁취할 수 있는 것이 아닌가 싶다. 바로 이런 상황 속에서 한국의 기독교 특히 개신교가 정권 담당자의 정통성, 민주성의 여부는 묻지 않고 그저 체제 옹호적, 제도 순응적이어야 하는 것인지 그리고 그것만이 크리스천의 정치적 책임이라고 말해야 옳은 것인지 바꿔 말해 민족, 민중을 사상시킨 교회와 국가(민족성, 도덕성을 상실한)만의 공존을 고집하는 것이 교회의 정치적 책임완수인지를 꼬집어 볼 때 그 대답은 자명하리라 본다.

인격적 만남과 추한 헤어짐

만남의 의미를 강조한 여러 사람들의 많은 장편들이 있다. 만남이란 바로 탄생이며 개벽이다. 만남 뒤에 오는 것이 있다. 흔히 사람들은 이를 도식화하여 만남 뒤에 오는 것으로 헤어짐 또는 이별을 직선으로 긋고 있다. 그러나 이는 성급한 결론 도출이 된다. 왜냐하면 만남 뒤에 오는 것은 그 지속이라 할 수 있는 관계의 형성과 그 관계의 형성에서 또다시 낳게 되는 총체적 의미를 담고 있는 추상이며 곧 사랑이 있기 때문이다. 다만 이 같은 인수분해를 도외시했을 땐 만남은 헤어짐이다 식의 도식이 성립된다. 만남에는 한 개인의 육체, 정신적 힘을 넘어선 소위 운명적 또는 숙명적으로 주어진 것이 있다. 그런가 하면 한 개인이 처한 환경에 따라 형성되는 우연적 만남도 있다. 그러나 만남은 외람되게도 방년의 나이를 넘어서 하는 청춘 남·녀 간의 게임이다. 그것은 이들에게 적어도 만남의 게임을 수행해 낼 수 있는 육체·정신적 힘의 자기 통제와 조정이 있다고 보기 때문이다. 그리고 그 무대를 교회로 축소시켜 본다.

교회 안에서 발생하는 사랑 만들기 게임은 많은 비난을 받을 소지가 다분하다. 그 단적인 지적으로 인륜지대사가 천륜지대사로 둔갑하여 기독성을 퇴색시키기 쉽다는 데 있다. 그럼에도 불구하고 새로이 태어나는 커플은 그런 기우를 일축하곤 한다.

따라서 문제가 되는 것은 헤어짐에 있는 것 같다. 헤어짐이 문제가 된다고 했을 때 머리에 번뜩 스쳐 가는 것이 있다. 그것은 그 쌍방 간에 만남부터 헤어짐까지가 인격적이었냐 하는 것이다. 아니 그 만남의 시도와 헤어짐의 과정이 최소한 인격적 절차를 밟았냐는 것이다. 만남의 접목을 위한 접붙이기가 원목이든 새 가지이든 그 어느 한쪽의 부적응으로 인해 실패의 경우는 왕왕 있는 것이다. 그것은 또한 자연스러운 일이기까지 하다. 그럴 때 문제는 인격의 성숙도에 집중한다. 왜냐하면 그 실패의 경우 마무리하는 과정에서 어느 정도로 인격의 성숙됨을 발할 수 있냐는 데 있기 때문이다. 적어도 우리가 인격이란 말을 사용할 때는 상대방의 인격을 존중하는 데서 비로소 자기의 인격도 출발하는 것이기 때문이다. 더 나아가 네거티브, 즉 거부의 반응을 보인 쪽이 인격 또는 인간됨의 우등을 입증받는 것은 아니기 때문이다. 따라서 추한 헤어짐은 인격적으로 쌍방

간에 헤어짐을 정리해야 할 과정에서 자기 이기심에 급급한 나머지 눈 가리고 아웅 하는 식의 발상에서 비롯되는 엄격한 의미의 자기열등의 구체적 표현 이외는 아무것도 아닌 것이다. 적어도 교회에선 인격적 만남과 성숙한 이별 그리고 넓은 관용이 있어야 된다고 믿고 싶다.

시급한 기독성의 회복

세상일이 뒤숭숭할 때 지식인은 메스를 들고 그 상처부위로 뛰어들든지 아니면 지식인의 이반이라 명명되듯 소리 없이 잠적해 버리는 둘 중의 하나를 택한다고 한다. 어떤 형태로든 관심의 표명은 방관자가 아닌 주체적 주인의 자세라는 면에서 바람직하나 자칫하여 그 아마추어성 때문에 화를 자초하는 일이 다반사가 되므로 이를 경계하지 않을 수도 없다. 그런 위험성을 염두에 둘 때 기독성을 운운한다는 것은 불협화음을 초래하는 격이 될 수도 있겠다. 그러나 그것은 어디까지나 당위론적 논리다. 때론 비굴보다 의협심이 우위에 선다고 본다. 손바닥만 한 지면에 코끼리만 한 문제를 나열 지적하는 우를 범하지 않고 문제의 핵심에 근접하기 위해서 그 범위를 좁히게 되면 자연히 청년Ⅱ부로 모아진다.

결론부터 말하면 어느 구석에서 기독성을 찾아볼 수 있겠냐는 것이다. 무슨 근거에서 경망하게 필설을 놀리냐고 반박한다면 작금 청년Ⅱ부의 주된 관심사가 무엇이냐고 반문하고 싶다. 결혼은 인륜지대사(人倫之大事)다. 결코 인륜지대사(人倫之大思)가 아닌 것이다. 인륜이 인간과 인간과의 관계라면 천륜은 하늘과 인간과의 관계이다. 후자를 기독교적 의미로 재해석하면 하나님과 신자와의 관계를 말한다고 할 수 있다. 문제는 본말(本末)이 전도되었다는 것이다. 그리고 이것은 청년Ⅱ부의 타의 추종을 따돌린 톱 화제라는 것이다. 교제를 원천적으로 봉쇄하자는 것이 아니다. 프라이버시를 침해하자는 것은 더욱 아니다. 무엇을 하든지 기독성만은 손상시키지 말라는 것이다.

기독성을 상실한 교회 부서는 이미 교회 부서가 아니다. 마찬가지로 기독성을 팽개친 청년은 이미 기독청년이 아닌 것이다. 그 일에 서두르지 말고 바로 지금 머리에 머리를 맞대고 초미를 다투어 진지하게 고민해야 할 그 무엇이 우리에게 있다는 것이다. 교회 존재의 의미를 호도하지 말자는 것이다. 기독청년의 현주소를 바로 깨닫자는 것이다. 그것은 박약해진 기독성을 회복시키는 일이 급선무가 돼야 하지 않겠냐는 것이다.

체험신앙의 위험성

예수를 믿는 신도들에게 아무런 이의 없이 받아들여지는 것 또는 재론의 여지없이 누구나 다 알고 있는 것이니까 나 자신도 충분히 인식하고 있다고 그냥 믿어 버리고는 지나쳐 버리는 것 그래서 애써 왜라는 질문을 던지지 않으니까 나 자신도 굳이 땀 흘려 대답을 얻으려 하지 않고 그것 · 그래 · 맞아 정도의 응수밖에는 하지 않는 것, 그것은 다름 아닌 기독교는 체험의 종교라는 것 바로 이것을 두고 하는 말이다.

기독교가 구원사라는 대전제적인 명제로 나타날 때 사랑이 나무의 뿌리라면 체험은 꽃피고 열매 맺는 나무의 줄기쯤으로 비유될 수 있을까? 과실수의 으뜸가는 가치는 꽃피고 풍성한 열매를 주렁주렁 맺게 할 때 비로소 그 진가를 보임은 같은 맥락에서 신앙이 체험으로 화개(花開)할 때 참신앙의 소유자라 말할 수 있을 것이다. 따라서 기독교에서의 체험 특히 신앙체험은 기독교를 논하고 신앙을 말할 때 약방의 감초, 식단의 양념처럼 없어서는 안 될 기독교의 본질 내지는 기본원리를 묻는 무게중심의 추와 같은 것이다.

그런데 우리는 언제부터인가 흔히 말하는 체험신앙에 대해 의구심을 갖게 됐고 한두 사람의 의구심이 모여 불신을 낳게 되니 이러다간 기독교에 있어서 체험은 비그리스도적인 것이란 단죄의 칼에 씌워 단두대에 오를 날도 머지않은 것 아닌가란 기우에 반신반의하는 신도들이 늘어나는 듯하다. 이는 곧 너도 하니 나도 한다는 식의 십자가의 체험이니 중생의 체험을 했다고 외쳐댈 때 의구심의 싹은 트고 마구잡이식의 환상이니 입신을 통해 예언의 능력 · 미래를 볼 수 있는 통찰력을 받았다며 으시대고 목에 힘줄 세울 때 불신은 이내 가지를 치더니 내가 재림 주 예수다, 내가 마지막 때의 선지자라고 교회도 세우고 기도원도 건립하고 하니 이제야 체험신앙에 대한 반성과 경각심이 주위에 맴돌고 있는 시점까지 온 것 같다.

그렇다면 어째서 신앙에 있어서 보석과도 같은 체험이 짝퉁이 되고 신앙의 진수가 사이비가 돼 가고 있는 것일까? 다시 말해서 체험신앙이 때 묻고 타락해 버린 이미지로 전락해 버린 것일까?

이제 체험신앙의 위험성은 어디서부터 시작된 것이고 어떤 형태의 옷을 입고 있으며 그 대책은 무엇인지를 대략에 걸쳐 알아보겠다. 이에 앞서 왜 기독교를 칭하여 경험신앙, 즉 신앙의 경험이라 하지 않고 체험신앙, 즉 신앙의 체험이라 했을까! 말장난에 지나지 않는다고 비꼬는 사람도 있겠지만 짚고 넘어갈 의미가 충분히 있다고 생각한다.

경험은 감관을 통해 얻는 지각을 말한다. 예를 들면 술 맛은 혀끝으로 경험해 보지 않으면 알 수 없는 것과 같은 것이다. 혀끝으로 경험한다는 것은 부분적인 것만을 인식한다는 것이다. 마치 손톱 밑에 가시 든 줄은 알아도 염통 곪는 줄은 모른다는 말이다. 장님이 코끼리 코 만지기식의 비유가 그것이다.

부분적이고 일시적인 세계가 경험의 세계라면 전체적 영적 세계는 체험의 세계라 할 수 있다. 마치 장미의 아름다움을 체험하는 것은 혀나 손의 촉각 세계가 아니고 눈의 시각 세계에 있듯이…… 이런 맥락에서 체험신앙이란 구약과 신약에 걸친 성서를 전체적인 영적 세계의 측면에서 바라보는 것을 말한다 할 수 있겠다. 다시 말하면 성서를 대하는 태도는 말씀과 진리에 더하여 이성의 관점에 초점을 맞추어야 한다는 것이다. 이는 곧 성서를 근거로 한 체험신앙이라는 것이 미신과 신비(주의)로부터 확실히 분리되지 않을 때는 자동적으로 위험성을 내포하게 된다는 말이다. 때문에 미신과 신비적인 감정이 주류를 이루고 성서적 말씀판단과 진리가 배타당할 때 곧 감정이 앞선 인간적인 동기, 정욕과 야심에 오염될 때 체험신앙은 자기체험의 절대화 옷을 입고 무비판적으로 정당화시켜서 성서의 말씀은 전혀 별개의 것쯤으로 취급하는 체험신앙의 오류를 범하게 된다는 것이다.

또 한 가지 체험신앙의 위험성은 유교적 잔재와 연결된 신앙체험에 대한 올바른 인식의 부족에서 기인한다. 주지하다시피 유교의 근본사상은 내세가 존재하지 않는 현재의 삶에 모든 가치와 목적을 집중시키고 소비하는 데 있다. 곧 유교적 잔재란 개인의 부귀영화와 행복을 비는 기본적 관점에서 기독교의 신앙 정확히 말하자면 신앙의 체험을 통해서 기독교가 유교를 대신해서 충족시켜 주길 바라는 것이다. 이것은 분명히 잘못된 것이다. 왜냐하면 기독교의 신앙에 대한 체험이란 성서의 말씀을 체험이라는 매개체를 통해 현재화시켜 믿음으로 받아들이는 작업이기 때문이다. 그렇기 때문에 막연한 복을 구하기 위하여 기독교를 도구화한다는 것은 어불성설이 아닐 수 없다.

체험신앙의 또 다른 위험성은 신앙체험의 질과 양을 논한다

든가 체험의 유·무를 가지고 믿음이 있다 없다를 얘기하고 초신자와 기존신자를 운운하는 경솔한 언어사용에 있다. 믿음은 크기의 대·소, 많고 적음을 아라비아 숫자로 나타낼 수 없는 자기만의 특유한 체험이기도 하기 때문이다.

주지하다시피 방언·치유·예언의 은사 등의 은사를 잘못 해석하거나 받아들일 때 여지없이 체험신앙은 스스로의 함정에 빠지게 된다. 적지 않은 신도들이 요즘 유난히도 은사를 받아야만 진짜 신자인 듯한 착시에 빠진 경향이 있는 것 같다. 글쎄 이 모두가 다 종말론적 메시아이즘에서 파생한 당연한 귀결적 현상인지는 몰라도 예수님이 백부장의 하인과 죽은 자를 살리신 것은 '믿음'으로 구원 받는 것을 보여 주시기 위함인 것이다. 그 이하도 그 이상도 아닌 것이다. 정리하면 "방언은 믿지 아니하는 자들을 위하는 표적"(고린도 전서 14장 22절)이라는 말씀으로 미루어 볼 때 은사가 곧 믿음의 전부로 몰아붙이는 경향은 분명히 잘못된 생각이라는 것이다.

어쩌다 보니 처음부터 끝까지 주로 체험신앙을 마치 비인간화시켜서 죄인 다룬 듯한 기분이 든다. 그러나 체험 없는 기독교 신앙은 붕어 없는 붕어빵에 비유될 수 있다는 것쯤은 신자들은 다 알고 있는 사실이다. 다만 이 글 전체를 통해 다음의 말을 하고 싶었다. 첫째, 소중하고 값진 믿음이란 체험을 하지 않고도 "의심은 미련한 자의 지혜"라는 충고를 받아들이는 데 있으며, 둘째 성서 속의 하나님 말씀을 기록된 그대로를 믿되 낡은 부대는 버리고 새 마대에 하나님의 말씀을 담을 수 있도록 성서의 말씀을 역사와 시대에 따라 재해석·재구성할 수 있어야 하며 끝으로 성서의 골격을 이루는 구원의 언약을 아멘으로 받아들이는 데 있다. 그리고 이렇게 할 수 있기 위한 하나의 방편이 믿음을 통해 하나님이 주시는 여러 은혜 안에 거하는 것이 바로 신앙체험이 돼야 한다는 것이다.

基督教 患者

그 환자는
아미타불은 寺堂
성부 성자 성령은 聖堂
異를
아멘으로 회답하는 某堂에 있다

그 환자는
현기증 나는 시청각 공해
프로페셔널로 조탁된 실어증
이를 덥석 삼켜
잡식성 성인병에 걸렸다

그 환자는
텔레닥터의 처방전

엄지 검지 사이에 끼고
탕탕한 보무로
십자로
잡화점으로 가고 있다

그 환자는
지금
신토불이산(産)
십자가를
거지중천에 매단
某堂에
몸져누워 있다.

Ⅲ
문화 시평

아스팔트의 야화(860316)
지키자(8602016)
가을 기행(851013)
황소걸음(1)(850908)
황소걸음(2)(870720)
현실(現實)이냐 이상(理想)이냐 이상(異想)이냐(860601)
상식관념의 타율적 사슬에서 벗어나자(860216)
우리가 원하는 건……(870118)

아스팔트의 야화

그러나
나는 거리의 쓰레기장이 되어야 한다
문명의 때가 쌓이고
그들이 버리고 양아치가 못다 주운 폐지로
채워지기 때문이다

초저녁엔
고삐리가 질겅질겅 씹다 내뱉은 꽁초에 화상을 당하고
미드 나이트엔
물건 크신 이 구강으로 싸버린 배설물로 전신 마사지를 한다

별들이 기상을 하고 시간을 꽉 채운 보름달이 점심을 먹을 때
나의 야화는 비로소 막을 올린다

오늘도

그 모퉁이 찾아 손짓하는 개에게서 시선을 떼어
지나가던 고양이가 흘린 고무풍선 걷어차니
전화박스 유리창에 툭 떨어지니 졸고 있던
심야 마네킹이 움찔거린다

별안간
Y란 놈이 까집고 뒤집고 한바탕 쇼에
움켜쥐니
X란 년이 엉덩이 샅바를 덥석 물곤
그 길로 일몰처럼 꺼진다

엑스트라들과 아마추어들의 리허설이 끝나갈 무렵이면
프로들의 몸짓도 분주해진다

찐한 향수 묻어나는 짧은 소파 너른 테이블에
스코치로 두리친 과일 욕지기를 쏟아내는 화이트칼라
이동식 주점에서
쐬주로 두리친 닭똥집 · 오뎅 국물 되새김질로 토해내는
블루칼라

색조화장으로 치장이 끝나면
무대는
나를
어둠 쪽으로 거세게
물고 간다

하나둘 보안등이 꺼지고
셋 넷 별들이 사라지면
다섯 여섯 연기주머니 입술에 차고 배회하던
미아의 쌍들도
그 그림자를 감추고
일곱 여덟 넘친 채로
능선을 이룬 쓰레기통이 박명에 모습을 드러내면
아홉 열 노란조기차림이 나타난다

새벽 종소리보다 일찍
나를 찾아와
아침 해를 등에 지기까지
버려진 무대 소품을 쓸어 담고
떡진 분식에 걸레질하고
누덕진 얼굴을 말끔히 클린징한다

아침 햇살이
밋밋한 생얼에
종을 울리면

비로소
나의 야화는
막을 내린다

지키자

"끈적끈적한 염분이 등 뒤에 팔뚝에 배이고 작열하는 태양 아래서 사막의 중심부를 거닐 때의 느낌 같은 답답하고 지글거리는 지열을 호흡하기에는"이라는 알베르 까뮈의 작품 '이방인'의 어느 대목처럼 어깨를 파고드는 정월달 추위가 무색하지 않지만 구강을 통해서 내뱉어야 할 것이 가슴에서 응어리지고 다섯 손가락을 통해서 써 버려야 할 것이 뇌리 속에서 침전되고 또 앙금이 되어서 이럴 수만은 없다하여 어둠을 밝히고 밤을 쫓고 새벽을 맞는다.

애써 지킨다는 것은 굳이 안 지킴만 못하다는 현대식 절충주의, 타협주의가 판을 치고 난무하는 지금을 두고 수호니 사수니 내지는 디펜드 등을 운운하면 혹자는 충절적 반동주의라 하며 가상하게 보든지 케케묵은 구시대 노인의 말장난쯤으로 일축해 냉소로 쏘아 붙일 것이랴만 지킬 것을 지킴에 무릇 제멋

이 있지 않겠는가!

어머니는 모성애를 지켜야 하고 아버지는 부성애를 고집하여야 한다. 모성애는 어머니의 홍두깨이며 부성애는 아버지의 무기다. 여성은 자연의 여성미를 간직해야 하며 남성은 길들여진 남성미를 주장해야 한다. 동성연애, 성전환 이식수술, 유니섹스는 영장류의 발기부전이다. 자식은 부모존중의 효도를 지켜야 하고 부모는 자녀 사랑의 애정을 놓아서는 안 된다. 노처녀는 콧대를 낮춰야 하고, 노총각은 안경을 벗어야 한다. 십 대는 매연으로 찌든 도심만큼 혼탁한 기성세대를 밝게 할 청아한 눈동자를 가져야 하고 기성세대는 잃어버린 자아를 찾아야 한다. 이십 대는 지구를 수십 번 아니 수백 번 들었다 놓았다 할 수 있는 청춘의 기백을 사수해야 한다. 삼십 대는 성병에 걸리지 않게 장화를 신어야 한다. 사십 대는 오명을 남기지 않고 아버지가 물려 주신 이름을 사수해야 한다. 오십 대는 기강을 세워야 한다. 육십 대는 존엄성을 파괴하는 행동을 해서는 안 된다. 칠십 대는 인생에서 가장 중요한 건강을 유지해야 한다. 주부는 가정을 지켜야 하고, 남편은 가족을 지켜야 한다. 어린이는 동심을 지켜야 하고, 노인은 고결함을 지켜야 한다. 교사는 사도를 지켜야 하고, 학생은 교실을 지켜야 한다. 교수는 학문을 지켜야 하고, 학부생은 강의실을 지켜야 한다. 신도는 십자가를 부여잡아야 하고, 불도는 법난을 당하지 말아야 한다.

판사는 위엄이 있고 서슬이 퍼래야 하고, 시민은 양식을 지켜 법을 준수해야 한다. 대통령은 헌법을 지켜야 하고 국민은 그 대통령을 견제해야 한다. 약속은 엄수해야 하고 시간은 지켜야 한다. 차례는 서야 하고 질서는 지켜야 한다. 심판은 공정한 결정을 내려야 하며 선수는 스포츠맨십을 좇아야 한다. 경기는 규칙을 따라야 하고 관객은 공중도덕을 지켜야 한다. 아마추어 정신은 도전에 있고, 프로정신은 냉정을 잃지 않는 데 있다. 초등학생은 신발주머니를 지켜야 하고, 중학생은 빡빡머리를 지켜야 하고, 고등학생은 교복을 지켜야 하고, 대학생은 자율을 지켜야 한다. 사공은 닻을 지켜야 하고, 작가는 붓을 지켜야 하고, 운전사는 핸들을 지켜야 한다. 사공은 뱃길을 지켜야 하고, 독자는 양서를 지켜야 하며, 행인은 인도를 지켜야 한다. 촌사람은 인심을 지켜야 하고, 서울 사람은 전통을 지켜야 한다. 시골은 고향을 지켜야 하고, 도시는 깨끗한 하수도를 지켜야 한다. 사회는 건강한 기풍을 세워야 하고, 국가는 무한한 신뢰감을 주어야 한다. 시대정신은 만들어지는 것이고 역사 앞에서는 도전하는 것이다. 남한은 민족애를 지키고 북한은 주체사상을 버려야 한다. 상인은 상도덕을 지켜야 하고, 구매자는 정찰대로 지불해야 한다. 사장은 노동법규를 지켜야 하고, 노동자는 근무수칙을 준수해야 한다. 복부인님, 마담뚜님을 지키자. 어차피 존경하고는 거리가 먼 그들이니까. 학자는 진리를 세우고 사회는 진리에 거름을 주어 지혜가 모두의 것이 되게 해야 한다. 위정자는 양심을 지켜야 하고, 공무원은 시민에게 봉사해야 한다. 군인은 국토를 지키고, 국민은 독도를 지켜야 한다. 언론 매체가 상업선전에 마비되는 것을 지키고, 텔레비전이 권력의 하수인 되는 것을 막아야 한다. 통신 매체는 공정한 보도의 태도를 지켜야 하고, 인쇄매체는 면도날 같은 비판력을 세워야 한다. 인간은 자연을 지키고, 자연은 못된 인간을 용서하자. 우리 모두는 바로 서야 하지만 뻣뻣하게 굳어서는 안 된다.

가을 기행

뇌세포로 맛만 보이기에 내 가슴은 식지 않아서 캘린더로 보는 산야의 컬러 색상을 눈으로 직접 만져보고 싶어서 전파로만 듣던 계절의 음향을(두 귀를 수직으로 세워 잎과 잎 사이로 넘실대는 돌과 돌 틈을 굽이치는 자연의 소리를) 메모하고 싶어서 차에 설레는 몸을 담갔을 땐 아침의 추기(秋氣)를 막 느끼기도 전 첫 집결지에서 추념(秋念)을 잠깐 멈춰야 했다.

제2의 출발지로 향하고 있을 때 우리들의 어깨와 두 손은 더 이상 자유로울 수 없었고 산뜻한 복장과 경쾌한 언어는 주변 사람들과 자연스럽게 구별되고 도심을 벗어나는 사람들로 인식돼 우리들의 여행을 알렸다.

행선지로 출발하기에 앞서 원색의 복장을 한 여행객들과 더불어 무언의 스탠딩 데모(demonstration) 하길 40분. 그 새 해장

술로 어제의 취기를 깨우는 이가 있는가 하면 등산화를 사러 간 친구도 있어 지루함을 느낄 새 없이 초침이 큰 바늘을 옮겨 놓았다.

우둔한 놈은 아라비아 숫자 두 자리 나이테의 중량을 과시한다지만 우리는 편한 대로 자리 잡고 서로의 얼굴을 맞대고 게임하며 손등을 때리고 맞기도 하다가 어느새 줄줄이 목청을 가다듬고 가수로 데뷔하면서 여정의 분위기를 한껏 진작시키더니 그새 신물이 난 듯 때아닌 군것질로 가을을 달리는 열차 안에서 침묵해야 했음은 자연스런 이십 대 후반의 생리인가!

몸에 품고 있었던 티켓을 다시금 바른 손에 들었을 때 우리는 소요산에 도착했던 것이다. 우리들의 최종 행선지는 바로 소요산이었다. 소요산 여행기념 사진도 찍고 작은 집도 방문하는 통과의례를 마친 후 고리던지기도 한 번 해 보고 어묵도 먹으면서 소요산 기슭에 당도했을 때 높은 하늘에선 몇 개의 빗방울이 떨어지고 있었다.

쌀 씻기와 찬거리 준비를 그런대로 마치고서 계곡을 끼고 올라가다가 돗자리를 폈을 때 우리는 더 이상 자연을 멀리하지 않아도 되었다. 기계시의 알림인지 전천후 위장시의 통보인지 여기저기서 퍼져 오는 된장찌개 냄새에 모닥불도 지피고 버너에 불도 당기고 하면서 산해진미를 준비하는 손길은 바쁜 줄도 몰랐으나 기다리는 식욕은 더욱 당겨 왔다. 포만감에 빠져 다음 행동을 잊어버리고 있을 때 누군가의 재촉에 이끌리어 우리는 정상 정복의 등정에 올랐다.

가을!

가을이 단추 구멍 사이로 비비고 들어와 전신으로 확산되는 것 같았다. 산의 아름다움과 안정감을 눈으로 직접 만져보는 것 같았고 태곳적부터 흘러나오는 자연의 소리를 금방이라도 메모할 수 있을 것만 같은 추념(秋念)이 다시금 고개를 들었다.

캠프에 돌아왔을 때 평화의 어둠이 나뭇잎 사이로 돌 틈 사이로 깔리기 시작했고 모닥불의 불빛은 고층빌딩 같은 불기둥을 만들어 갈 때 우리는 그곳에 둘러앉아 깊어 가는 가을의 정취에서 스며나는 은은한 행복감에 빠져 늦어진 귀가를 서둘러야 했다.

자연은 아스팔트 위의 인간들에게 소음과 공해로 찌든 도시인에게 하루 동안의 안식을 허락해 주었던 것이며 가을은 또 소리 없이 투정 없이 그런 이들을 기쁜 마음으로 맞아들이기 위해 휴식을 취하기 시작했다.

황소걸음(1)

세계 4대 발명품의 하나인 인쇄술이 중세에는 일부 극소수에 소장돼 있다가 근세에 접어들면서부터 저변으로 확산되는 시대적 변천을 겪은 뒤 작음의 현황은 인쇄술의 괄목상대격 발달로 인해 활자의 물결을 이루고 있음은 주지의 사실이다. 인쇄술의 발달로 인한 부수적 상황이라 단정해서 말할 수 없겠으나 언젠가부터 그룹을 형성하고 단체를 결성하여 모임이 있는 곳엔 회지니 회보니 소식지 등의 레테르를 달고 나오는 것이 자연스런 현상이 되어 버렸다. 대형화된 사회, 대량소비 사회, 고도 정보화 사회에 살다 보니 어쩔 수 없는 수요·공급에 따른 시대적 부산물인지도 모르겠다. 굳이 부산물이라 표기한 이유는 좋은 의미에서보다는 찌꺼기 또는 쓰레기 같은 어감이 풍기기 때문이다. 그래서 그런지 하루에도 수십 개가 제 나름대로 상호를 달더니만 이내 내일을 보지 못하고 하루살이 삶을 마감하곤 한다. 오늘 우리가 이 대지 위에 탄생시킬 황소걸음이란 동문회보도 이 같은 큰 물줄기에서 가지 친 지류의 숙명적 논리를 타고난 성격의 것인지도 모르겠다. 때문에 밝은 비전에 희망을 걸기보다는 하루살이 단명에 그치지나 않을까 하는 기우가 앞섬은 차라리 솔직한 심사다. 그러나 이런 와중에서도 또렷한 선이 되어 보이는 것이 있다면 그것은 기우는 기우로 머물게 하고 스스로 옷을 벗는 하루살이 단명에 그치지 않게 하면 그 반대가 분명히 되고 만다는 확고한 신념을 세워본다.

일언이폐지하면 먼저 가신 이들에 대한 사인 규명이 선행돼야 할 것이다. 그때에 비로소 황소걸음은 순풍에 돛 달고 롱런할 수 있게 되는 것이다. 그러나 그 작업은 숭고한 희생과 진실한 노력을 요청하는 뼈를 깎는 듯한 인고의 아픔을 잉태할 때 비로소 가능할 것이다.

첫째, 다수를 무시한 소수의 지장(지면)이 되어서는 안 된다는 것이다. 각 개인에게 절대적 평등권이 보장되며 우등감에 젖어 있는 독선과 아집과 편견으로부터 다수가 무시되지 않는 민주주의적 원칙에 입각한 지면이 돼야 할 것이다.

둘째, 자기 폐쇄적이어서는 안 되겠다는 것이다. "황소걸음"

발간 동기의 순수성에 입각하면서도 의사를 교류하는 정보를 교환하는 등 타자 외의 연계성으로부터 살아남을 수 있다는 현대적 철칙을 준수해야 할 것이다.

셋째, 지적 성장과 정서적 발달에 이바지해야겠다. 소모를 목적으로 글을 쓰고 읽자는 것이 아니고 더욱이 일회용으로 원고를 편집하고 제본하는 것이 아니니 진부한 표현이 될지 몰라도 서로서로의 대화 · 사색 · 고민이 활자화된 매개체를 통해 보다 유익한 지적 성장과 정서적 발달의 계기가 되었으면 한다.

넷째, 자기 성장의 기회가 되었으면 한다. 글을 쓴다는 행위는 산만하게 흩어져 있고 분산되어 있는 생각과 관념의 파편들을 질서정연하고 일목요연하게 정리하는 것이며 논리적으로 기술하는 작업이다. 곧 뜻으로 단어를 선별하고 의미로 문장을 배열하고 의도한 문단을 맞추는 요식적 작업과 더불어 완성시킬 하나의 글을 통하여 자기 의사를 표출시킴으로써만 개인에게 놀라운 발전의 계기가 주어질 것이다. 따라서 이 기회를 적극 활용해 주었으면 한다.

다섯째, 신앙인의 참된 진리에 서자는 것이다. 단순히 세속적 타락의 의미를 뇌리에 떠올리지 말고 신앙인으로서 우리는 자유 · 정의 · 진리 실천에 얼마나 노력하고 있는지 반성의 실천 도장으로 삼았으면 한다.

끝으로 자기비판에 인색하지 말아야 한다. 과오를 스스로 돌아보고 반성할 수 있는 대담성과 의견에 반대할 수 있는 자유가 받아들여지는 성숙된 관용이 무르익었을 때 비로소 우리는 권위주의적 경향, 보수주의자적 태도 또는 기성세대의 누습에서 풍기는 정체성의 타성으로부터 빠져나올 수 있으며 근시안적 시야에서 탈피할 수 있을 것이다.

황소걸음(2)

현대를 대변할 수 있는 단면 혹은 전(前) 시대의 사회와 구별되는 함축적 의미를 한 단어로 표현한다면 누군가의 말대로 그것은 다(多)일 것이다. 수(數)와 양(量)에 있어서 다(多)의 개념은 쉽게 읽혀지고, 시간의 관점에선 오히려 거리와 공간의 단축이 지나치게 긍정적인 입장에서 본 다(多)의 개념(줄어든 만큼 시간이 남기 때문)이라면 역설적일까?

소수(小數)에서 다수(多數)로, 질(質)에서 양(量)으로, 그것도 그냥 양이 아닌 다량(多量)으로의 가치 전도현상이 고도산업사회라는 중핵을 고도분업화로 핵 분열시켜 직종의 다양화를 가져왔다. 규모의 경제를 통한 대량생산, 대량소비로 이어지는 현대 경제 · 사회적 측면을 부상시켰다. 소수에게 편중 집약되었던 부와 권력이 불특정다수인 민중에게로 수평적 이동이 일어나고 있다. 남성위주의 사회가 여성의 권리신장으로 나아가기 시작하면서 금녀의 벽은 점차 허물어지고 있다. 개인의 신성불가침 영역인 개성과 인격이 백화점에 진열된 상품처럼 노동시장에 나열되어야 하는 것도 결국은 다(多)의 개념이 파생시킨 사회·문화적 측면의 부정적 효과이다. 아마추어에서 프로로의 전향도 따지고 보면 다(多)의 우상이 만들어 낸 욕망에 불과하다. 열거하자면 어찌 이것뿐이겠는가만 다(多)의 개념을 또 다른 의미에서 홍수 내지는 범람과 같은 맥락에서 이해한다면 현대적 뉘앙스의 다(多)를 공해로까지 유추시킬 때 혹자는 지나치게 nonsense라 하다가 반색할까?

공해를 경계하는 으뜸가는 이유가 인체 내에 치명적인 독소의 누적이라는 점에 있을 때 말이 쉽게 "말 된다" 하면 할수록 글이 더욱 어렵게 "글 안 된다"식의 언어 공해와 너와 나는 일차함수상의 일직선에 위치하지만 좌표상의 서로 다른 X·Y점에 놓여야만 되는 것처럼 동일한 시간대와 동시적 문화의 공간을 호흡하면서도 공명 공감할 정신적·정서적 공감대를 갖지 못하는 소외된 상태에 머물 수밖에 없음이 곧 납의 중독화요 깊은 곳에서 정지한 Pb의 앙금일 것이다.

납이라는 금속이 인체에 미치는 영향이란 살을 썩게 하고 뼈를 부식시키며 혈액을 응고시키는 사인(死因)의 지름길이란 점에 있다. 마찬가지로 동일한 시간대를 체험하지 못하고 동시적 문화와 등 돌리고 있다면 위와 같이 안 되리라고 애써 변명의 언(言)을 구할 까닭이 존재할까? 자동차 배기가스 중 아황산의 배출이 암을 유발시킨다는 사실에는 놀라면서, 공장의 폐수가 식수원의 고갈을 가져온다는 뉴스에는 경악하면서, 나와 타인과의 유대감 및 일체감 형성 아울러 공명 공감할 정신적 · 정서적 공감대를 구축하지 못했을 때 납의 중독화와 Pb의 앙금을 스스로 자초하고야 만다는 미래적 사건 앞엔 왜들 긴장하지 않을까?

황소걸음을 펴낸 뜻은 일시적 · 전체적으로 치유하기엔 중독화된 난이도 숫자가 너무 높기 때문에 점진적 부분적으로 완쾌시킴으로써 그간의 톱니바퀴에게 헌신했던 나로부터의 탈피, TV 수상기의 속박으로부터의 자유, 체면과 형식 그리고 겉치레로 뒤섞인 인간관계로부터 해방됨으로써 진정한 인간의 생활에로의 복귀, 강탈당했던 인간성의 회복, 참된 의미의 인간적 자각의 실마리를 충족시키고자 함에 유(有)하지 않겠는가!

현실(現實)이냐 이상(理想)이냐 이상(異常)이냐

흑과 백의 논리에서, 찬성과 반대라는 의사표결에서, 정과 부의 정의개념에서, 적군과 아군의 이데올로기 특성에서, 남과 여의 성구별에서, 생과 사의 갈림길에서 우리는 이분법의 우월성을 여지없이 실감한다.

이 이분법의 우수성을 두고 난 묻고 싶은 게 있다.

불투명하기 이를 데 없는 연기 같은 기체도 아닌 그렇다고 돌덩이 같은 고체도 역시 아닌 현실, 현실이 바로 그 첫 번째 주제이다. 현실과 반대되는 개념은 무엇일까? 현실과 물구나무서 있는 곳에 있는 것은 그럼 무엇일까? 현실이 아닌 것이어야 하니까 비현실인가, 적어도 현실을 넘어서야 하니까 초현실인가, 이도 저도 아니면 현실이 동쪽에 있다면 서쪽 어느 곳에 있을까? 현실이 하(夏)라면 동(冬)은 무엇일까? 간단하지 않고 쉽지 않은 대답 그것이 두 번째 주제인 바로 이상(理想)이고 이상(異常)이다.

뒷간을 갈 때 휴지가 필요한 것이 현실이라면 배설과정을 통한 배설의 기쁨은 이상(理想)인가 이상(異常)인가? 걸을 때 필요한 신이 현실이라면 그 위에 붙은 외제상표는 이상(理想)인가 이상(異常)인가? 주식(主食)으로 수제비 음식이 현실이라면 신소재로 만든 그릇은 이상(理想)인가 이상(異常)인가? 널빤지로 붙여서 만든 판잣집이 현실이라면 그 안에서 VTR을 보는 것이 이상(理想)인가 이상(異常)인가? 도대체 현실이란 무엇이고 이상(理想)이란 또 무엇이란 말인가? 3・8선의 철책이 현실이고 무랑루즈의 스타 이주일은 이상(理想)인가 이상(異常)인가? 불평등 민주주의가 현실이고 복지국가 건설의 구호는 이상(理想)인가 이상(異常)인가? 무책임한 우(右)의 주태는 현실이고 강요당하는 좌(左)의 침묵은 이상(理想)인가 이상(異常)인가? 여자가 남자를 걷어차는 게 현실이고 사랑하기 때문에 헤어지자는 것은 이상(理想)인가 이상(異常)인가? 직선제 개헌만이 정당한 현실이고 각종 소요는 철부지들의 이상(理想)인가 이상(異常)인가? 현실만이 일백점이고 이상(理想)은 영점이라는 목하의 철칙 앞에서 현실을 외면하면 이상(異常)과 손잡는 것인가? 오월의 크림슨 장밋빛 이상은 다 타고 남은 잿빛 현실이 되어야만 하는가? 신록의 청춘이 구가하는 이상(理想)이 나목(裸木)의 황혼이 읊조리는 현실이 되어야만 하는가? 진정 이상(理想·異象)이 무엇이냐고 다시 한 번 묻고 싶고 현실은 또 무엇이냐고 묻고 또 묻고 싶다.

이해타산은 현실이고 끈끈한 우정과 허물없는 대인관계는 이상(理想)인가 이상(異常)인가? 기존 질서 옹호의 언행은 현실이고 창조적 파괴의 언행은 이상(理想)인가 이상(異常)인가? 상사와 미스 김과의 정사는 현실이고 근로자와 사용자 간의 근로기준법 준수는 이상(理想)인가 이상(異常)인가?

이십 대 후반의 우리가 때아닌 현실관과 이상(理想)관의 정립에 왜 이리 역겹도록 힘들어하는가! 우리가 받은 교육의 실상은 무엇이고 허상은 무엇인지 소위 고등교육에 심한 회의를 느끼게 된다.

대지가 음이고 천이 양이면 현실은 대지(地)이고 이상(理想)은 천(天)일진데 대지가 천을 우러러보고 천이 대지를 깔보지 않는 것이 정의사회의 진리라 믿었는데 현실이 이상(理想)의 상투를 뽑아버린 것인지 이상(理想)이 절로 이상(異常)해진 것인지…….

무척이나 혼탁해진 가치관 속에서 그 가치관만큼이나 무게

중심을 잃어버린 지금의 우리에게는 이렇게 끼적거릴 수밖에 없는 현실과 작금의 만들어진 상황을 벗어나고픈 이상(以上)의 진퇴양난에서 '이상(理想) 이상(異常)' 하다가 정말 이상해지기 전에 현실과 이상(理想) 중에서 택일해야 하지만 고작 이런 것이 우리의 현실이고 우리의 선택(選擇)이 되어야만 하다니…….

상식관념의 타율적 사슬에서 벗어나자

상식에 대한 국어사전의 정의는 "보통 사람이 가지고 있거나 또는 가지고 있어야 할 표준지력, 이해력, 판단력 따위를 포함함"이다. 옥스퍼드 대학교 출판부 발행의 영영사전에서는 common sense란 "Practical good sense gained by experience of life"이라고 정의를 내리고 있다. 굳이 해석을 하면 상식이란 특별한 교육에 의해서가 아닌 경험적인 생활을 통해서 얻어진 실제적으로 소용되는 균형 잡힌 이해력 또는 판단력이다. 상식과 common sense, 즉 우리식 정의와 미국식 정의로 크게 나누어 생각해 보기 전 먼저 common sense가 common, 즉 보통적 · 공유적 · 세속적 의미화된 계기는 미국 독립전쟁 당시 상식(common sense)을 저술하여 식민지 국민의 독립, 자유사상을 고취시켰던 자유주의자 토마스 페인의 노력이었음을 상기해 본다.

세계 문화사를 시대사적 관점에 따라 원시시대, 중세봉건시대, 근대시대, 현대시대로 나눌 수 있을 것이다. 인간의 사고양태와 행동양식은 그 시대의 거울에 반사된 투영물이라 볼 때 원시인, 봉건인, 근세인, 현대인으로의 유출은 자연스러울 것이다. 이 같은 시대적 구분을 통한 인간시대 분류는 상식은 과연 어느 시대 누구의 소산이었을까?를 묻는 데 있다. 그리고 어떤 시대적 변천을 겪고 있으며 지금은 누구의 점유물이 되어 있을까를 같이 고찰해 보기 위해서이다. 그렇다면 상식을 생산하고 독점한 시대와 인간은 어디에 있을까? 엄밀한 의미에서 상식은 18세기 19세기의 근세시대 근세인의 산물이며 점유물이었음을 인정하여야 한다. 이 말은 근세 이전에 사람들은 일반적으로 무지했고 현대의 사람들은 상식을 타락시켰다는 의미로 바꾸어 생각할 수도 있겠다. 근세에 즈음하여 서구는 정치적인 면에서 민주주의의 왕성한 성장 시기였으며 경제적인 관점에서 자본주의가 정착했던 때였으며 사회윤리적인 각도에서 프로테스탄티즘의 기독교 윤리가 지배하고 있었으며 그 밖의 과학 문화에 있어서도 놀라운 발전을 계속하던 시기인 점에서 전근세인이 상식적으로 간주됨이 일면 타당하리라 봐진다.

상식이면 통했던 시대가 분명 우리에겐 있었다. 그도 그랬을 것이 상식이란 것이 보통사람이 표준지력, 이해력, 판단력을 갖고 경험적인 생활을 통해 습득한 것이므로 보통 사람들 사이에서 의사소통이 되지 않을 리 없었다. 누군가가 질문을 던졌을 때 멋들어진 대답을 했노라고 칭찬을 하면 "뭐 상식인데"라며 나름대로 어깨를 으쓱하던 때가 있었고 일반적 사회규범을 상식적으로 생각해 봐서 내린 합리적인 결단이라는 것이 반감을 사지 않은 채 접수되고 '상식인이라면 어떻게 저런 추태를 할 수 있을까'에서 때론 도덕적 판단의 영역까지 상식은 출입을 했던 때가 있었다. 일축하자면 상식은 강제력을 수반하는 법과 윤리적인 규범인 도덕의 중간 정도에 위치하고 있다고 하겠다. 그러나 이 상식적 사고가 언제부터인지 우리를 질식시키기 시작했으며 그 상식적 행동이 언제부터인지 우리가 하는 행동을 어색하게 했고 그 상식적인 판단이 이제는 우리의 판단을 먹칠하고 있다. 깊이 생각해 보고 관찰해 볼 노력의 필요도 없이 아내가 남편을, 자식이 부모를 죽이고 토막 처리함을 어떻게 상식적 사고로써 이해할 수 있으며, 임금 떼먹고 second에게 아파트 사 주는 사장님을 더 이상 상식적 양식으론 처리 곤란한 문제가 아닐 수 없으며, 청소년의 아메바만큼이나 단순한 사고와 그들의 거리낌 없는 혼숙과 낙태 행위는 분명 상식적 분별력을 뛰어넘은 것이 아닐 수 없으며, 언론의 통폐합이라는 것도 사람의 눈과 입을 통폐합시킨다는 것이니 이도 역시 상식적인 논리로선 그 대답이 궁하다 아니 할 수 없지 않겠는가? 어찌 이것들뿐이겠는가?

더 이상 상식 그 자체가 상식일 수 없고 상식적인 사고론 보통 생각을 할 수 없게 되었고 상식적 논리론 엉뚱한 결론밖에 도출시킬 수 없음은 상식의 때에 마침표를 찍고 상식의 언어에 종언을 구해야 할 때가 된 것인지도 모르겠다. 이것이 바로 전통이라는 답습적 관념의 상식에서 스며나는 타율성에 젖은 안일하고 정체하려고만 들던 현대인에게 모험심과 야성을 요구하는 것이며 인스턴트적이고 획일적이며 모방적인 ready made를 추구하던 현대인에게 독창적이고 창조적이며 생산적인 태도를 촉구하는 것이며 스크린과 화면 그리고 전자매체에 노예화된 현대인들에게 고전과 위대한 선인 그리고 자연과의 만남을 경고하는 것이며 주입된 사고, 프로그램화된 행동, 남을 철저히 의식하는 병에 걸린 현대인들에게 자율적 사고, 개방된 행동, 자기중심 판단에 반성을 촉구하는 것이며 무기력한 정신 무감각한 태도 무감동적인 마음에서 동면하고 있는 현대인에게 긍정적인 정신 진취적인 태도, 적극적인 마음에로 부활을 강권하는 상식의 역습이다.

결론적으로 말하면 상식의 시대는 분명 지나갔다. 과거를 가지고 오늘을 판단할 수 있다는 상식의 시대는 존재하지 않는다. 이제 상식관념의 새 틀을 짜야 할 것이다.

우리가 원하는 건……

장독대 구석진 한적한 곳을 꽉 잡아 사립문 청청감고 올라선 못 다 핀 아침 나팔꽃의 소박함입니다. 칡마을 골 갑순이 시집간다고 연지곤지 사이에서 확확 감추어진 황톳빛 순박함입니다. 하늘나라 선녀님들이 송이송이 함박눈을 펑펑 뿌려 주어서 좋다고 철수를 앞질러 논바닥에 나선 바둑이의 순진함입니다. 친구가 가곡(假哭)하는 것을 알고도 속아주며 모르는 척 강남행 고속버스에 동행하는 얄궂은 현대판 우정입니다. 애비 어미가 댕기 달고 물려받은 할미 할아범의 노리개를 벽장 깊숙한 곳에서 찾아내 팽개치는 자기 혁명입니다. 우리만의 색깔 · 향기 · 맵시 · 솜씨를 나체처럼 털어놓고 폭폭 껴안아 줄 수 있는 자기노력입니다. 시집 장가간 친구들 동지섣달 긴긴 밤 님의 아랫목 따근따근하라고 삼천리표 삼십이구공 연탄 한 장 사 줄 수 있는 엽전 두 닢의 여유랍니다. 중장비와 갑옷차림에 부스스한 새벽별을 지나서 헛간에 매어놓은 소불알같이 생긴 졸고 있는 종탑 쪽으로 걸음이 바싹바싹 타는 어머님의 기도입니다. 참고 참아서 승리하는 '우보(牛步)'의 뚝심입니다. 팔칠년도 정치 선진국, 경제 선진국, 스포츠 선진국의 원년이라고 목 놓아 구걸하는 여당 야당 하는 자들에게 박수 쳐 주고 선거권 선물하고 게다가 주권을 저당 잡히는 것 아닙니다. 일제 강점기 몇십 년, 육이오 몇 년을 죽지 아니하고 당신 생명만의 존엄성을 사수한 아버지의 구겨진 과거를 마구마구 팽개쳐 실신시키는 것 아닙니다. 꼬방은 옛말 화장실은 구미에 안 맞아 넓은 곳 탁 트인 곳 광장에서 버젓이 나와 엄지검지 사이에 솔 17번 아가씨 끼고 네 세상 내 세상 몽땅 다 내 세상 하며 피어대고 뿜어대는 그 애어른들을 피해서 뒷걸음질 꿈질꿈질 모양 떠는 어른애들이 아닙니다. 24인치 고감질, 고성능 음성 다중 컬러 TV 바보상자가 아닙니다. 32면 정권 홍보지 만든 민주사회의 기수(忌璣) 엘리트대 출신 기자들을 부러워하는 것 아닙니다. 우리가 원하는 건 사도(師徒)는 촌지로 강화되고 사랑의 매로 회복돼야 한다며 목청 가다듬는 교사들을 예쁘게 봐 주는 것 아닙니다. 돼먹지도 않은 애기뜻도 모르고 쓰는 글을 팔월 장마 내리듯 허파에 바람난 실성한 계집처럼 주절주절 계속하는 그놈을 미워하는 것 아닙니다.

우리가 원하는 건 몰아온 거친 삶의 평화를 위해 동녀 수녀의 기도 같은 합방을 박차고 승적을 산 스님의 좌선 같은 새벽 예배의 타종을 울리는 목사님의 경건함 같은 긴 호흡을 위한 여백입니다.

Ⅳ
정치 삽화

칠월 구일의 하늘(870709)
탄압 속에서 피는 꽃

칠월 구일의 하늘

1.

매일같이 적어 놓는
일기장은 없다
그러나
오늘일기는 잊을 수
없을 것이다

그쯤에
희생이 없었던 것은 아니다
자유애 민주애 민족애는
목숨을 삼키기에 충분했던
것이다

기억할 수밖에 없는
망령이 꼬리를 문다
“더 이상의 양심의 빚짐을
감당할 수 없다”며
홀로이 양심재판을 집행하곤
이내
떠난 이이다
그것은
아!
하는 충격이었고 양심의 현주소를 묻는
그녀만의 가책은 절규는
진정 아니었다

봉건질서의 악습은 이것으로
부족했다
구시대의 잔재가 끝내 해낸 것이다
고귀한 생명을 아름다운 젊음을
반역하고 거역하면서까지
육조기에 수장시킨 것이다
그는
살아서 말하지 않았다

그러나
지금의 그가 말하지 않는다
결코
너는 못하리라!

2.

오늘은 침묵이다
지난한 몸짓도
가열 찬 투쟁 투쟁도……
침묵하는
공화국에
또 다른 사절(死節)을 보내야 하기 때문이다

이념에 맹종하는
전사도
달러에 명줄 거는
용병도
아닐진데
누가 누구의 생명을
유린한단
말인가?

그래
대뇌 소뇌에 구리 파편 박힌
그는 누구며
직격탄 쏘는
너는
또
누구란 말이냐?

"교훈이다
최후의 희생자다" 떠들지 말라
살아서 수치스러운 자들아
영전에
욕된 자들아

그가
오늘 떠나는 것이다

"이제 가면 언제 오나
어여쁜 우리 님
가시는 머언 먼 길에
민주화(民主花)는
만발해라……"

칠월 구일의 하늘은

단장의

침묵이다

탄압 속에서 피는 꽃

탄압 속에서 피는 꽃이 있다
피는 꽃의 숭고함은
탄압의 빈도 폭정의 강도에 더한다
민주의 단에는 헤아릴 수 없는 희생양들이 바쳐진 것이다
선혈이 뿌려지고 있는 것이다
알몸의 외침 피의 바다로 행진하는 힘없는 자의 자유
크레인 철거 몽땅 수입으로 영락하는 못 가진 자의 삶
순수한 애정으로 “타는 목마름으로”
그곳에서 쉼 없이 솟구치는 것이
바로
민주주의의 꽃이다

최루탄 속에서 피는 꽃이 있다
지랄탄으로 투쟁전열을 흩뜨리려 할수록

백골탄으로 민주 통일 열사를 납치하러 덤빌수록
사과탄으로 고귀한 인명을 넘볼수록
그 안에서 부릅뜨는 두 눈동자가 있다
온몸이 한줌 재로 산화되기까지
죽음
그 앞에서조차 한 점 흩뜨림이 없는
아! 조국의 동량지재 다함없는 우리의 자랑
그가
백만학도의 꽃이다

얼어붙은 교정에 피는 꽃이 있다
백년지계의 선한 일꾼 선생님들이
더 이상 방관할 수 없다는 깊은 자성과
입시교육 일변도의 봉건적 제도교육 수용소로 전락한
학교교육 전반에 대한 심각한 반성에서
전교조를 이루어내야만 하는 시대적 절박성이
육성회의 몰이해 보직교사들의 폭행으로부터
교육위의 구교대 문교부의 사법처리에 부닥쳐도
"선생님 사랑해요 힘내세요" 외치는 제자들의 힘찬 지지에
스승과 제자가 한뜻이 되어
참교육 실현을 위해 한껏 터뜨리는 것이

목하
교육민주화의 꽃이다

독재하에서 피는 꽃이 있다
염소가죽에 늑대가죽을 차례로 뒤집어써도
별똥제복에 똥별 제복을 내리 벗어도
반공에 짓눌리고 전기고문
백색테러에 반병신 돼 딸 아들
쑥쑥 크도록 영어(囹圄)의 몸이 된다 하여도
끝내 아물지 않은 상처 부여안고 유린당한 양심 곧게 펴며
일어나고 다시 고쳐 서서
이 땅에
참주인은 누구인가를 밝히는 것이 있다
보라
민중의 꽃이다

분단하에서 피는 꽃이 있다
양육 제단된 흑백논리를 부수고
관제 홍보적 이데올로기의 허구를 깨고
영구 분단 고착주의자들의 반통일론적 님비근성을 까발려서
“백두산 천지에서 한라산 백록담까지
이천만 북쪽겨레의 일념으로

오천만 남쪽겨레의 끓는 염원으로
동강난 북과 남의 하나 됨을 위해
조국도 하나 민족도 하나임을 천명키 위해
칠천만 민중이 함께 어울러 사는 세상"을 향해
작렬하는
조국통일의 꽃이 있다

침탈당한 남북에 피는 꽃이 있다
억압받던 애국 독립정신 한목소리로 일깨우고
식민지의 족쇄를 훌훌 벗어던지고
강점당한 민족 자주 해방의 자각을 스스로 진작시켜
반만년 도도히 이어온 이 땅 이 산하의 문지기는
조선인일 수밖에 없다는
한반도의 자결권은 단군인의 손에만 존재한다는
그래서
삼천리 방방곡곡에 타오르는
한겨레의 꽃이 있다

역사 속에서 피는 꽃이 있다
지난날의 얼룩을 말끔히 닦아내고
모시적삼 옷고름 가지런히 다 잡고

역사의 빛은 반도에서 시작된다는
탈고된 전설을 깨쳐 세워
동방의 유일한 반도국이
기나긴 겨울잠의 닫힘에서 깨어나
보란 듯 첨봉에 서서 두 발을 구르는
꽃 중의 꽃으로 타오르는
한반도의 꽃이 있다

이렇게
탄압과 탄압 속에서도
피는 것이다

민주 통일의
꽃은!

V

호격의 탄가

희야(1)(870207)
사모곡
희야(2)(850617)
영아(870505)
희야(3)(88126)

희야(1)

살포시 드리워진 너의 가슴에 겹겹이 접어올린 너의 곱디고운 팔뚝에 숨숨이 선보인 염분의 채취에서 이 땅에 성하의 계절이 벌써 와 있음을 여실히 느낄 것 같구나!

어제는

무로(霧露)로 뒤덮인 오솔길을 거닐면서 전설 속에 묻어 버린 나에게서 감춰 버린 우리 자신들이 소외시킨 문명에서 농락당한 시대와 역사로부터 버림받은 그러면서도 더욱 아파하고 갈기갈기 찢겨진 타자로부터 질식당할 듯한 젊음. 젊음을 구가하는 마음마음마다에 진리와 자유를 칭송하는 영혼영혼마다에 철퇴 맞은 청춘. 이들을 어울러 만져 주고 싶고 꼭 껴안아 주고 싶다며 쓴웃음을 삼키면서 뇌까리었단다.

현실에 쓸려 가는 무력한 젊음이어서는 아니 된다고 두 손 불끈 쥐던 너! 도서관이 아닌 전자오락실 찾는 그런 텅 빈 펑크족의 젊음이어서는 아니 된다고 목청에 힘주어 말하던 너! 옳은 것과 잘못된 것 당연한 것과 부당한 것의 가치기준을 내동댕이친 의식 없는 젊은이가 되어서는 정말 안 된다며 가벼운 경련까지 일으키던 너! 그러면서도 진실과 사랑은 누구로부터도 외면당해선 그래선 안 된다며 고개 숙여 흐느끼던 너! 그렇게 사랑스런 네가 오늘 따라 더욱 그립구나!

전통적인 원리원칙에 절대의 가치를 두고 그 형식에 얽매어 사고의 틀과 행동반경을 스스로 제약하는 고전주의자적 청년이 되어선 안 된다며 엄격한 규칙이나 절대적 형식에서 벗어난 그러면서도 개성을 중시하는 낭만주의자적 청년은 그래도 낫다면서 지성(知性)화된 감성을 가지고 내면세계와 외면세계를 조응하여 독자적 현실을 추구하는 상징주의자적 청년은 또 어떠냐며 가끔은 문학도임을 은연중에 자랑하던 너! 그러면서도 소비일변도의 퇴폐적이며 향락지향적인 딜레탕티슴에 취한 젊은이는 재론할 여지도 없지만 창조적이며 생산적 예술작업이 없는 모방적이며 흉내 내기 급급한 매너리즘에 젖은 주어진 현실에 안주하고 만족하는 청년인 것도 문제이려니와 기존의 것은 일체 거부하며, 혼란 그 자체를 선호하는 흡사 다다이즘적 문학 장르의 한 운동에 맹종하는 그런 청년은 정말 곤란하다고 못 박아 말했지!

자유주의자는 현 상태에 만족을 느끼면서 아울러 개혁에 임해서도 낙관적인 태도를 견지하는 자이며 급진주의자는 현 상태에 불만을 느끼기 때문에 개혁에 대해서는 낙관적인 입장을 취하는 자이고 보수주의자는 현 상태에 만족을 느끼므로 개혁에 대해서는 비관적 태도를 취하는 자이며 반동주의자는 현 상태에 불만을 느끼므로 개혁에 대해서도 역시 낙관적인지 못한 태도를 취하는 자인데 이 네 가지 유형에서 나는 어디에 속하느냐는 제법 어른스러운 물음을 네가 던졌을 때 내심 얼마나 당황했는지!

신앙의 세계에 한 번 참여는 해 보았으나 원래 자기의 요구와 기대를 충족시키는 데 실패해 스스로 환멸을 느끼고는 탈퇴하는 탈(脫)신앙적 태도, 신앙 이외의 스포츠나 학문, 예술 등에 지나치도록 열중하여 신앙에 관심조차 갖지 않는 무(無)신앙적 태도, 유물론적 공산주의자나 신비주의자들처럼 자기네들이 집착하는 가치가 본질적으로 신앙과는 충돌된다는 이유에서 신앙을 반대하는 반(反)신앙적 태도 이 세 가지 경우는 모두 비(非)신앙적 태도니 청년 크리스천은 특히 이런 것을 경계해야 한다며 자신 있게 의견을 피력하던 너!

희야!

교회 내의 DK그룹, 즉 Don't Know 그룹의 한마디 "모릅니다"는 어쩌면 적(敵) 그리스도의 태도가 아니겠냐며 끝낸 말문을 닫고 저 먼 허공중에 애써 눈동자를 멈추려던 너의 모습은 두고두고 내 뇌리에 사랑으로 남아 있으리…….

사모곡

어느 때
어디서나
부르면

미소를 띠고
설렘을 담아

당신을
내게로 인도하던

그 이름

내게 있어서
영원할 당신의

이름을 위해
나는 시를 짓습니다

어느 날에

사별을 시켜
홀로 그리워하는
추억을 남겨준
당신의 이름이라서

이제
미소와 설렘과 추억을 사모하는
곡(曲)을

당신의
이름에 바칩니다

희야(2)

나는 어둠 속에서 촛불 같은 너를 발견했고
너는 단아한 얼굴로 그렇게 내게 비친다.

나는 씨앗 중에 씨앗으로 네게로 가고
너는 꽃 중에 꽃으로 내게로 온다.

나는 너의 이름을 가슴에 가슴으로 불렀고
너는 나의 이름을 마음에 마음으로 노래한다.

나는 모래 위에 모래 별 중에 별에서 너를 찾았고
너는 그곳에 성숙한 여자로 서 있다.

영아

이제 기호적 언어도 내게서 죽고
겉치레의 허사도 내게서 사라진다
격앙되었다면 흥분된 상태로 놓아 주고 싶고
갈구하고 있다면 차라리 까 보이고 싶다

사랑은 구걸하고 목메는 것이 아니라고 믿고 있었다
달포가 지나도록 너의 얼굴을 지척에서 확인 안 해도 되는 것이
그것이 고작 나의 사랑이냐는
지면에 떨어진 나의 두 무릎이 애써 대답을 하려 하지 않는다

나의 사랑이 혹 깨지지나 않을까 다치지나 않을까
아!
그렇게 주저하고 망설이는 것이

내가 할 수 있는 최선의 방법이 아님을
이제는 말하려 한다

사랑하는 마음이
이렇게까지 혁명적인 것인 줄
사랑하고 있다는 것이
이다지도 가슴 벅찬 아픔인 것인 줄
사랑의 씨를 잉태함은
혁명일 수밖에 없고
사랑을 두고 있음은 고통의 환희가 될 수밖에 없음을
그래
예전에 몰랐었다

그러나
더 이상
printed language로서 사랑을 한다
땅에게 말고 하늘에게도 말하지 말라

숨길 수 없는 것을 숨기는 것이 과연 미덕일까?
감출 수 없는 것을 감추어야 그래야 할까?
사랑하는 노력보다 잊으려는 애씀이 더 적당하리라

그 작업은 이미 지난(至難)하다 지난(至難)하다

영아!
사랑을 글로 읽게 하고 말로 듣게 하지 않겠다
사랑은 결코
글로 동정을 구하거나
말로 강요하는 것은 더더욱 아닐 테니까!

이제
사랑이란 글을 써서
이별을 낭송한
음유시인의
짝사랑의 외기러기 가(歌)를
여기서
반납한다.

희야(3)

낙엽 타는 소리 바삭거리고 하늘에서 펑펑 많은 눈이 오면 꼭 그 위를 사뿐히 걷고 싶다던 그 계절을 다시 만나게 되니 너는 오랜만이구나. 회자정리라 하더니만 열 하고도 두 달을 살면서 무심코 지나칠 수만은 없는 시간의 저 끝으로 묻어 버릴 수만 없는 일이 내게는 적지 않았던 무진년 하고도 헤어져야 할 시간이 임박해 오는데…… 마치 너와 그랬던 것처럼 헤어짐이 서러워서가 아니라 만남이 소중했기에 그 의미를 더듬고 싶어 희를 부른다.

그러면서 너는 나와의 이별이 있음을 예견이나 했듯이 만남 뒤에 오는 이별의 아픔도 있을 수 있다면서 친절하게도 초등학교 6학년 때 아버지와 사별해야 했던 슬픈 기억을 떠올리며 고개를 떨구기도 했지.

그러던 넌 만남부터 헤어짐까지를 쭉 지켜보면서 만남은 길수록 좋고 헤어짐은 짧을수록 좋은 거라며 그렇게 뒤돌아 갔다.

요즈음 와서 내가 느끼는 건 '이별의 역설'이란다. 이별이 있기에 만남이 더욱 소중한 것임을 체득게 되는 것이 아니겠냐는 것이란다. 그렇다고 평소 너의 지성에 반하여 "지나간 것은 다 아름답다"식의 과거 지상주의를 고집하자는 건 아니다. 그럼에도 불구하고 만남이란 아껴 주는 것이고 지켜 주는 것이고 소중한 것이라 조금이나마 시인했다면 헤어짐은 그렇게까지 헌신짝 취급하듯 해서야 되겠냐는 생각이 자꾸만 가슴속을 파고드는 까닭은 무엇일까! 물론 난 너와의 헤어짐이 꼭 그랬다는 것은 아니다. 다만 너와의 그런 관계를 떠올리기 전에 내가 알던 그리고 나를 불러 주시던 그분 그러나 지금은 생사를 달리해 고인이 되신 그분과의 헤어짐 후의 모습이 혹 이런 것은 아닐까 속으로 물어보고 싶었던 것이다.

헤어짐의 슬픔보다 만남의 기쁨이 더 컸기에 지금도 널 부를 수 있듯이 떠난 이의 이름을 더듬을 수 있음은 가신 임에 대한 슬픔보다 무엇에 대한 신뢰가 더 크다는 것 바로 그 까닭에서가 아닐까? 굳이 말로써 까닭을 빚어내야 하겠냐만 무엇에 대한 신뢰를 사랑이라 쓰고 용서란 주를 달고 신앙고백이라 묵상

하고 싶은데 너는 어떻게 생각하니?

네가 떠날 때 내게 남긴 말. 그 말이 아직도 내 귓가에 공명으로 남아 있다. "헤어짐의 무게는 만남의 무게보다 결코 추한 것은 아니라면서 떠나는 제가 누군가를 다시 만나라 강요는 못하지만 만나게 될 땐 기쁘게 만나셔야 꼭 그래야 한다"

희야!

난 그런 널 아직도 사랑한단다.

Ⅵ

사랑의 상흔

여러 번 망설이기는 했으나(890703)

까닭은 알 수 없으나(891110)

그대여!(890130)

아! 사랑이여(810901)

사이키 곁을 여기서 떠난다(870530)

공공팔이 삼이 사이삼 ◇◇◇◇

여러 번 망설이기는 했으나

여러 번 망설이기는 했으나 지금은 꼭 쓰고 싶은 마음입니다. 언니를 통해 가끔씩 님의 소식을 접하고 있어요. 그때마다 여러 가지 생각들이 교차됩니다. 안쓰럽기도 하고 우습기도 하고 부럽기도 하고요. 기숙사에 있는 분과 한바탕 싸웠다는 이야기가 얼마나 우습던지. 말도 제대로 통하지 않는데 싸움은 뭐하러 합니까? 아무리 정의가 운다 해도 말예요.

"오늘은 무엇을 했나요?" 아침 먹고 공부하고 점심 먹고 정의를 주장하고 저녁 먹고 자려는 중이에요? 내게도 이런 말을 묻는다면 "오늘 무엇을 했지?" 예! 아침 일찍 일어나서 버스 타고 전철 타고 출근해서 커피 마시고 점심 먹고 노래하고 졸다가 종이 오리고 지금 편지를 쓰고 있습니다.

체(体)는 대충 이러하고 영(靈)은 종일토록 굶다 지쳐 지금

시들어 있습니다. 지옥을 헤매고 있다고나 할까요. 요 몇 개월 동안 어려움에 처할 때마다 님을 생각합니다. 다시 볼 수 있으리라는 실낱같은 기대만을 남기고 말지 마는요. 적어도 이곳에 있다면 내게 좋은 말 많이 해 주고 훈계도 가끔씩 해 주었을 텐데. 생(生)의 행로가 언제 뒤바뀔지 알 수 없는 두려움이 나를 앞지르고 있습니다.

더욱 두려운 것은 언제든 받아들이려 하는 운명에서 오는 듯합니다. 보여 주기 싫어하는 약한 이의 복잡함. 요즘은 이런 요상스런 것을 생각하고 있어요. 눈물이 흘러 흐린 세상을 보듯 바로선 것이 없어 보입니다.

적어도 내 눈에는…….

같이 이야기할 사람이 없어요. 떠나신 목사님이 계시면 얼마나 좋을까요. 내 문제를 같이 나눌 사람이 없어요. 교회 형제·자매들도 이제 모두 두려워 멀리하고 있습니다. 소식이 궁금하다고 하셨지요? 저도 요즘은 잘 모릅니다. 언제 다시 만나게 될는지 모르지만 지금은 활동을 하지 않고 있어요.

다시 눈을 들어 나의 귀중한 생(生)을 살고 싶습니다. 죄송해요. 행복하지 못해서요.

까닭은 알 수 없으나

까닭은 알 수 없으나 신선할 것 같은 초동이다. 언젠가 너의 편지처럼 망설임과 선뜻 내키지 않아 글쓰기를 차일피일 미루어야 했듯이……. 그런 속에서 네가 택했던 선택을 나도 하고 있다. 너 자신의 책임하에 두고 자기실현을 위한 길이었는지 결혼으로 향한 길이었는지 나는 알 수 없기에 또다시 소극적 입장을 가져야 했다. 이곳에 첫눈이 왔다. 그리운 그곳에도 겨울의 꽃이 내렸다고 신문지상을 통해 읽었다.

어떠니?

도시와 대학을 옮겨 생활한 지 두 달이 돼 간다. 그러나 아직도 유학생의 입지를 굳히지 못한 상태다. 욕심과 마음이 앞서 다소 서두르는 감이 없지 않나 싶다. 십 개월이란 대가를 치르고 어렴풋 알게 된 소위 유학 생활이란 것을 두고 한편으론 착착함 그런 것도 갖게 된다. 장시간에 걸친 시간과 경비를 요구하는 이곳에서의 생활, 그래서 그런지 많은 수의 학생들이 생활로써의 유학을 쉽게 받아들이고 있기도 하다(무엇을 말하려 하는지 이해가 될지 모르겠다).

계절이 회귀하여 다시 겨울이다. 지난겨울은 푸근했다. 이상기온 때문이 아니라 관계 속에서 내가 있었기 때문이다. 내가 소극적 태도를 가져야 하는 건 그것은 자기감정에 진실할 때 조금은 더 인간적일 수 있다는 최소한의 기쁨마저도 포기한다는 것이다. 사람이란 관계와 관계 속에서 규정받는 존재이기 때문에…… 나만의 기쁨과 이익을 확대하기 위하여 다른 누군가의 관계를 파괴시킬 수 없는 것이 아니겠냐는…….

문득 꼼꼼히 포장해서 보냈던 너의 소포가 생각났다. 피상적으론 내용물이 중요했겠지만 이면에는 보낸 이의 정성이 내게 더 뜻있는 것이다. 마음을 읽을 수 있기 때문이다.

이곳에서 내가 할 수 있는 일
타인이 되어 묻지 않는 것이라 하더라도
너의 행복을 빈다.

그대여!

그대
입가에
입맞춤하지 않았다 하여
나!
그대의 연인이 아니라
그대
말하지 말라!

그대
슬픔에 잠긴 두 눈으로
영원토록 곁에 있어 달란
외마디
읽지 않았다 하여
나!

그대의 무언가(無言歌)를 듣지 못했다.
그대
말할 수 있겠는가?

그대에게 있어
나는
뛰어넘을 수 없는
벽이라
그대!
그렇게 믿는가?
내가 뛰어넘을 수 없는
저 세월의 벽을
그대는
낮은 울타리로만 보려 하는가!

그대
이별의 아픔으로 온밤 아파했다면
나
헤어짐의 고통으로 온종일 괴로워했음을
그대
아는가?

그대
아픔의 소리는 낮은 흐느낌이지만
나
고통의 소리는 찢어지는 비명임을
그대
듣는가?

그대
가슴속에 쓴 얼룩진 글을
나
끝내
보지 못한다 하는가?
나!
마음속에 새긴 피 멍든 글들을
그대
차마
들춰 보는가?

그대!
두 눈에 눈물로
입가에 흐느낌으로

가슴에 언어로
사랑한단
목마른 외침을
나!
나의 온몸에 엄습하는
타는 절규로
받아들임을

그대
그대여!

아! 사랑이여

슬픈 영상이 비친다
하늘엔 별님이 가리우저
호젓한 외딴 호숫가를 걷고 있는
멀어진 산길에서
정연(情然)히 가을의 우수에 서 있는 것마냥
전신이 누군가 뿌리는 누우(淚雨)에 젖어든다

슬픈 영상이 보인다
물 표면에 가라앉는 뿌연 물안개 같은
기적을 울리고 떠난 기차처럼
이룰 수 없는 두 줄기 수평선이 그렇게 가려 한다

슬픈 영상이 다시금 고개 들어 저기 먼 허공중을 바라본다
삼라가 울음 울며 위로한다

단비에 초야의 식물이 커 가듯
청춘이 참된 사랑의 비애를
배웅한다

아!
사랑이여

사이키 곁을 여기서 떠난다

"약한 자여 그대의 이름은 여자로다"(Frailty, thy name is Woman)라고 셰익스피어가 말한 것이 사백 년이 넘고 있다. 조선의 선비들은 입을 모아 하나같이 선비에 있어서의 인간됨을 지조에서 찾았다.

"약한 자여 그대의 이름은 여자로다!"라고 영국인이 말한 이 말은 오늘에 와선 다소의 수정이 불가피하지 않나 생각해 본다. 지조라는 단어는 현대의 생리상 부적절한 단어일 수밖에 없다. 다만 그 가치에 대해서 아는 정도의 차원이 아닌 실천의 차원으로 승화시키고자 하는 자는 현대라는 괴물의 생리구조를 재편시킬 수 있는 그 무엇인가가 수반되든지 아니면 자기 자신을 철저히 파괴하면서까지도 이를 사수하겠다는 용기가 필요할 것이다. 그도 아니면 어떤 이들처럼 이렇게 재구성해야 할 것이다. 개량적 지조쯤으로…….

값싸게 보이고 천박하게 처신하는 자(者)와 대상(things)은 경멸의 대상이다. 그것이 제아무리 미사여구로 치장을 하든 절세가인의 옷을 입든 비난의 대상일 수밖에 없다. 남자와 여자의 관계에서도 예외는 아니다.

"사랑을 줄 수 없을 정도로 가난한 자도 없고요 사랑을 받지 않아도 될 만큼 부요도 자도 없어요……" 사랑은 추상적 개념이며 형이상학적 의미로만 여기는 이들이 있는가 하면 사랑은 암·수가 동물적 행위를 전·후로 얻게 되는 그런 것쯤으로 간주하는 이들도 있다.

사랑에 관한 한 범우주적 진리를 담뿍 담고 있는 책 중에 책(das Buch der Bücher)인 성경은 또한 이를 실천하신 Jesus Christ는 오늘도 사랑은 구체적 실체적 말이라며, 현실적 행동적 뜻으로서 "내가 너희들 사랑한 것같이 너희도 서로 사랑하라"고 강권하신다. 그러나 형이상학적 의미로도 말되 동물적 행위로도 이를 결코 대신할 수는 없다.

사랑은 人＋람 → 사람(주격)＋랑(공동격 조사)이라는 분석이 가능할 때 에코(echo)가 없는 사랑은 이미 사랑이 아니다. 사랑에는 말 못 할 희생과 인내가 동반하기에 목적이 수단을 합리화시킬 수 있을까? "목적(自的)이 수단(手般)을 합리화(合理化)"시킨다고 레닌이 말했을 때 그것은 모든 궁색한 행위자들의 금과옥조가 되고 있다.

큐피드(에로스)는 사이키(필리에)가 언니들의 꾐에 빠져 남편인 자기를 죽이려 했을 때 다음과 같이 말하고 사이키의 곁을 떠난다. "나 에로스(사랑)는 믿음이 없는 곳에 머물 수 없어 사랑은 믿음이 없는 곳에(의심이 있는 곳에) 머물 수 없어(함께 있을 수 없어)"

큐피드의 노력으로 주피터는 인간인 사이키에게 암브로시아의 잔을 권하고 영생을 줌으로 결국 이 신화는 둘의 재결합으로 happy ending으로 끝나지만 큐피드를 닮은 인간이 못 되기에 사이키 곁을 여기서 떠난다.

공공팔이 삼이 사이삼 ◇ ◇ ◇ ◇

마치
정신병자가 순간적으로
이성을 제어할 수 없을 때 한다는
광기처럼
왜
너는 나를 떠났냐고
퉁명스러운 신경질을 뿜어냈다

숨 막히는
답답함이 이어져 분노 어린
자학이 되어
전신을
파고들어 올 때
다

너 때문이라 미워하듯 고개 저으며
입으론
이별을 저주하듯 아니야 아니라며
씹고 또 되씹었다

누군갈
사랑한다는 일이
질곡(桎梏)이 돼야 하는 것이지?
쓰디쓴
독백을 던지며 사랑하다
떠난 자리엔
헤어짐이란 암영이 시간이
흘러
사라지는 것이 아니라 처방 없는
아픈 상흔만이 앙금처럼 자리함을
알지 못하는 거냐고 너에게

다그쳐
물어보고 싶었다

백림에
온 눈은 내린 대로 쌓여 있다
만남이 지나간
여백엔
추억이 방문할 수 있으리란
막연한 미련만을 심어 놓고
첫눈이 내린 지 일주일이 넘도록
전화통화
엽서 한 장 없다

사랑한다는 건
칠일을 기다려도 하루처럼 지나가고
한 시간을 기다려도 일분처럼 짧게
느껴지는 것이라 하더니

나도 몰래

공공팔이 삼이 사이삼 ◇◇◇◇을 삽시간에
돌리려 했다

아직도

그녀를 그리워하냐고 물어봤다
가슴에
널 꼭 껴안고 싶다는
시어(時語)가 연민하고 있다는
고백이 될 것 같아
종료된 스토리라
힘없이
대꾸했다

오늘처럼
불현듯 떠나버린
네
모습이 떠오를 때 만나고 싶으나 볼 수 없고
통화하고 싶으나 전화할 수 없어서
노란
국제공중전화박스를 스쳐 지나가야만 하는
순간이면

왜
사랑하는 일에 형극(荊棘)이 따라다니는지
정말 모르겠다며 자조 어린

체념에

고개를 떨군다

Ⅶ

존재의 여백

시집간 어느 여자를 생각하며

둘의 최초의 만날 때의 인연은 십수 년을 지내고도 기억되는 우연입니다. 나는 그것을 두고 참으로 고마운 만남 귀한 조우였다 말하고 싶습니다. 이제는 남의 사람 돼 내 곁을 영영 떠난 다시는 못 올 사람이지만 십 대를 수놓은 추억의 상자를 저 먼 망각의 바다에 던져 달란 말 한마디는 없었지만 돌아갈 수 없는 나날들은 기억 속에서 잊게 하고 나는 멀어져 갑니다.

만남보다 헤어짐이 더 길었던 우리 두 사람이 침묵 속에서 서로의 안녕을 빌며 어느 술집을 뒤로한 6년이 지난 어느 날 가볍게 던진 겉치레의 인사에 수화기에 떨어진 당신의 육성은 표정 없는 음성으로 결혼을 읽어 주었습니다. 말이 필요 없었습니다. 더 이상 말도 하지 못했습니다. 모든 것이 멈췄고 정지되었습니다. 혀가 멈췄고 눈동자가 멈췄고 뇌세포가 정지된 듯했습니다. 다만 멍할 뿐이었습니다.

그것은

결혼이 두꺼운 벽이 되어 당신과 나 사이를 막은 설움이 아닙니다. 결혼이 건널 수 없는 바다가 되어 당신과 나 사이를 떼어 놓은 까닭이 아닙니다. 두려움입니다. 멈춤이 없었다는 것입니다. 바로 시간입니다. 시간이 당신이 있어 티 없던 나의 어린 시절을 파괴했습니다. 시간이 당신이 있어 풋풋했던 나의 십 대를 강탈했습니다.

영원한 추억 속에 고이 간직하리라 했던 아름다운 추억들을 말입니다. 바로 당신이 읽어 주신 결혼이 내가 아직 어렸을 때 자전거 뒤쪽에 당신을 태우고 울퉁불퉁 신작로를 비틀비틀 달리던 뿌듯한 그때의 가슴을 태워 버립니다.

바로 당신이 읽어 주신 결혼이 십 대를 꽉 채우던 때의 한껏 부풀리던 장밋빛 짙은 꿈을 담은 내일을 향해 풍만했던 그때의 가슴을 매장시킵니다.

이 모두가 시간은 결혼이 되어 나타났고 결혼은 시간 앞에 냉엄한 까닭인가 봅니다.

시간이 이토록 엄숙한 것이라면 나는 과거 속의 당신을 현실의 추억으로 더 이상 매어 둘 수가 없겠습니다. 시간이 이처럼…… 때를 명명하는 것이라면 나는 그때를 위하여 더더욱 성실히 내 삶을 살아야 하겠습니다. 시간이 더 이상의 소중한 것을 나에게로부터 빼앗아가지 못하게 하기 위해서라도 말입니다.

창밖에 비가 오고 있습니다.

비가 올 때면 늘 나를 찾아 주던 당신을 결국 시간이 다시는 오지 못할 곳으로 데리고 갔지만 시간을 넘어 영원히 행복할 것을 간절히 기도하렵니다.

빗줄기가 굵어져 밤은 점점 깊어져만 갑니다.

구름

당신의 마음을 모르는 바 아닙니다

그러나

나의 마음을 당신에게로 가져갈 수가 없습니다
사랑은 용서를 구하는 것이 아니라고 합니다
그러나 같은 말을 되풀이해야 하나 봅니다

창밖에 내리는 비는
허냥
비가 떨어지는 것
같지가 않습니다

그 비를 맞으며 지나가는 이가
타인과 같이 느껴지지도 않습니다

날은 어두컴컴해져 갑니다.

아니지요
나의 마음이 그런 모양을 짓습니다

정처 없이
흘러가는 게 구름이라면

지금은

그 구름에 나도 따라가려 합니다

자화상

석경에 비친
그림자의 음각을 판다

위선의 허수아비,
겁쟁이의 위장,
무지의 허세,
척하는 허풍
정체성의 허위
의식의 가식
존재의 불확실성
자존심의 불신
자기신뢰의 배반
……

결국
피사체는
나를 녹여 거푸집에 부어 만든
자화상이다

결자해지(結者解之)의 미학(美學)

근자에 신문지상에서 떠들썩(국정조사)거렸던 것(5공비리, 5·5공화국 청산, 광주학살 진상규명)의 본질을 파고들면 결국 이런 일을 해야 하지 않겠냐는 생각이 든다. '결자해지'가 그것이다. 맨 자가 풀어야 한다는 것이다. 직설적으로 말하면 전 씨(全氏)가 일체의 책임을 져야 한다는 것이다. 여기서 서두르는 면이 없지 않으나 미학이란 무엇을 말하나 짚어봐야 하겠다. 흔히 학(學)의 學을 철학(哲學)이라 한다. 그리고 철학의 철학을 미학이라 한다. 일축하면 학(學)의 최고봉이 철학이라면 철학의 최고봉은 미학이란 것이다. 그럴 때 결자해지(結者解之)의 미학(美學)이란 말을 섣부르게 기독교 전반과 연관시켜 보고 싶다. 인간을 창조하신 분 곧 하나님이 결자(結者)라 할 때 사람은 죄로 말미암아 죽을 수밖에 없었다. 이때 아들이신 예수를 속죄양으로 보내심이 곧 해지(解之)가 되지 않겠냐는 구상에서이다. 그런데 그 목적이 싹쓸이가 아닌 구원에 있었으니 아니 사랑의 실현에 있었으니 이야말로 결자해지의 미학 중에 미학이 아니겠는가 하는 발상에서이다. 그러고 보면 결자해지의 도(道)를 최초로 터득하고 지고하게 실천하신 분은 바로 하나님이 되는 셈이다.

그러나 인간으로서의 우리는 그 정도까지 못한다. 하물며 뜨겁기 때문에 분별이 없는 청년인 때엔 말처럼 결자해지(結者解之)란 만만한 것이 못 되는 듯싶다. 더욱이 그것이 이성과의 관계 속에는 빚어진 일이라 할 때 해지(解之)가 평화적으로 그리고 아름답게 마무리되기란 아니 그렇게 되길 바라는 것조차 욕심일 수도 있을 것이다. 이 점은 모두의 심사(心思)가 아닌 듯싶다. 그래서 힘주어 말하고 싶은 게 있다. 결자가 해지해야 한다는 것이다. 그것은 결자가 묶은 것이 오해며 미움이며 증오며 배반이며 상처며 고통이며 아픔이라 할 때 그가 이들을 풀어야 한다는 것이다.

지금 우리는 단풍이 물들고 노란 은행잎이 뒹굴고 낙엽 타는 냄새가 후각을 자극하는 계절의 한가운데 서 있다. 우리는 20대에 있으면서도 30대에 가까워지고 있는 상태이다. 이를 인식할 수 있다면 가을이 우리에게 주는 메시지 또한 들을 수 있을 것이다. 그것은 30대를 맞는 인간은 먼저 인간적으로 성숙해야 한다는 것이다. 성숙되기를 원하는 자(者) 아니 먼저 사람이 되고자 하는 자(者)는 인간이기 때문에 빚어진 젊기 때문에 야기된 숱한 해지(解之)해야 할 많은 것들을 그 청춘의 끝자리에서 풀어야 한다는 것이다. 그것은 내가 결자가 되어 해지해야 하듯 너도 결자가 되어 해지해야 한다는 것이다. 무슨 뜻인가? 서로 용서할 수 있어야 한다는 것이다.

비

백림에 비가 내리고 있습니다

10년 타향 지기(知己)
잠 못 이루던 깊은 밤에 내리던
빗소리가 들림이다

독일어를 해도 해도
따라 웃을 수 없었고
세미나 토론 땐 질문 한번 던지지 못했으며
읽어 이해가 되는
과제를 쓸 수 없어서 고민하던
설익은 밤에도
비가 오곤 했습니다

청혼가를 받고
홀로 남아
황야에선 그녀가
수개월을 물어물어 부친 편지에
울음바다를 쏟아부은
그날 밤
마르부르크의 맑은 별들이
흐릿흐릿하게 비쳐 보였습니다

팔구공이공구
귀향길에 오른 날
내 임과
석별을
나누지 못했습니다

공이공팔공칠
도서관과 강의동까지
코 닿을 거리에 있는 기숙사에 혼자 있습니다
늘
그랬던 것처럼
깊은 밤입니다

포도주 반병을 비웠지만
잠을 이룰 수 없습니다
또 한 잔을 비우려는데
비스듬히 열어 놓은 창문 너머로
십 년 지우지기가 재회를 반김이다

비

달렘 도르프(Dahlem – Dorf)에
비가
내림이다

조강지처론(糟糠之妻論)

우리의 관심사가 이것만은 아닐지라도 이것을 제외시키고 생각할 수 없는 것이 '결혼'이라는 것이 아닌가 싶다. 일찍이 선조들은 결혼이 얼마나 중요했으며 인륜지대사(人倫之大事)라고까지 했을까에서도 교감이 절로 인다. 결혼이란 따로 떨어져 있는 것을 묶는 것을 말하니 여자는 남자를 남자는 여자와 하나 됨을 말하는 것이라 규정지으면서, "태어나면서 이미 누군가가 정해졌었다면 이제는 그(녀)를 만나고 싶다", 즉 조강지처론을 조용히 펼쳐 보이고 싶다.

조강(糟糠: 술 재 강 조, 겨 강)은 지게미(술을 거르고 남은 찌꺼기)와 쌀겨라는 뜻이며, 조강지처(之妻)라 함은 지게미와 쌀겨로 끼니를 이어가며 가난하고 천할 때에 고생을 함께해 온 아내를 말한다. 본처(本妻)가 조강지처의 다름 아님은 바로 이 때문이 아닌가 싶다. 요즈음은 조강지첩이라는 말도 있다고 한다. 우스갯소리에 지나지 않는다. 후한서 송홍전에 이런 고사가 전한다. <……糟糠之妻 不下堂>이 그것이다. 이는 후한의 광무제가 청상과부가 된 누님을 재가시킬 생각으로 그녀가 흠모하던 '송홍'이 마침 공무로 편전에 들어왔을 때, 광무제가 던진 물음 <……집이 부하게 되면 아내를 바꾼다 하였는데 그럴 수 있을까?>에 대한 송홍의 답변이다. 말인즉 지게미와 쌀겨를 먹으며 고생한 아내는 집에서 내보내지 않는다는 것이다. 곧 조강지처는 소중하게 대우를 해야 한다는 것이다.

조강지처를 얻음이 듣 천하의 기쁨보다 더 크지 않겠는가라는 소박함은 ready made 결혼관에 젖어 있는 뭇 여성에게 편벽고루에 빠진 노땅의 노망쯤으로 낙인찍히지는 않을는지…….

처녀야 말아라! 총각아 아서라!
조강지처·조강지부와 함께라면
초가삼간 집을 짓고
검은 머리 파뿌리 되도록 백년해로 새고 지고……
이것이 어떠하냐!

나의 어머니

초등학교 졸업장 하나 없는
배움이 적은 나의 어머니
아들이 말하는
어머니 당신은
생각할수록
지혜로운 임이십니다

화장품과 거울이 따로 쓸모가 없는
미인이 아닌 나의 어머니
아들이 말하는
어머니 당신은
다시 볼수록
정다운 임이십니다

새벽 별을 몰아내고 부엌과 우물가에서
삼백예순닷 세를 사시는
바지런한 나의 어머니
아들이 말하는
어머니 당신은
돌아볼수록
은혜로운 임이십니다

백발에 깊은 골까지 파인 이제는 돋보기안경도 껴야만 하는
반백의 나의 어머니
아들이 말하는
어머니 당신은
또 볼수록
고운 임이십니다

배운 것 없고 잘나지는 못했으나 근검하게 사시어 어느새
늦 황혼에 접어든
자랑스러운 나의 어머니
아들이 말하는
어머니 당신은
내내

영원토록
사랑할 임이십니다

어머니
나의 어머니……

정홍모

작가 지망생이었거나 문학도가 아니다. 사회과학도이자 정치학박사다. 빅뱅처럼 시작된 회의, 꼬리를 물고 이어진 왜라는 문제, 끝 모를 방황. 누가 알까 봐, 들키지 않으려고 애쓰면서 십 대와 이십 대 초반을 보냈다. 이십 대 중반을 넘기면서부터 악필로 글쓰기를 시작했다. 글쓰기가 글이 된다는 것을 느끼게 되면서 때때로 글을 쓴 것이 이 책의 곱절은 넘는다. 이나마 추린 것은 큰 행운이다. 그러면서 이십 대 끝자락에 서서 사생결단하여 독일로 공부하러 갔다. 회의와 문제제기 그리고 방황은 그 무엇이 되어 나를 독일로 인도한 것이다. 베를린 자유대학교에서 학위를 받고 돌아와 여러 대학에서 강의를 하고 있다. 지금의 이십 대와 곧 이십 대가 될 석(石) 그리고 옥(玉)과 소통하고 싶어서 『이십 대의 모놀로그』를 준비하였다.

Twenties' Monologue
이십 대의 모놀로그

초판인쇄 | 2010년 12월 20일
초판발행 | 2010년 12월 20일

지 은 이 | 정홍모
펴 낸 이 | 채종준
펴 낸 곳 | 한국학술정보(주)
주　　소 | 경기도 파주시 교하읍 문발리 파주출판문화정보산업단지 513-5
전　　화 | 031) 908-3181(대표)
팩　　스 | 031) 908-3189
홈페이지 | http://ebook.kstudy.com
E-mail | 출판사업부 publish@kstudy.com
등　　록 | 제일산-115호(2000. 6. 19)

ISBN 978-89-268-1789-6 03100 (Paper Book)
978-89-268-1790-2 08100 (e-Book)